斷食善終

送母遠行，學習面對死亡的生命課題

畢柳鶯・著

獻給我的母親　張秀琴女士

目次

附錄：

序

幫忙摯愛的母親達成生命的自主決定：
「眞情、勇氣、智慧」的結合

賴其萬（神經內科醫師，和信醫院醫學教育講座教授）

這是一本非常不尋常的好書，作者用心記錄家人如何幫助摯愛的母親完成她老人家因為小腦進行性萎縮，行動不便、生活無法自理，而主動要求提早結束生命的心願。

作者是資深復健醫學專科醫師，對生死學、與死亡有關的國際法規有深度的認識，本身饒有寫作經驗。我瀏覽全書以後，發覺這本書觸及人生的多種面向，也才了解這位母親的內心世界，她在命運的安排下，年輕時雖然歷盡滄桑，晚年卻能活出精采人生，最後又能如願，以自主的方式結束其八十三年的生命，使我由衷為她喝采。

作者在本書的第一章以〈小腦萎縮基

因篩檢記〉為題，揭開了序幕。她的家庭有幾位母系親戚中年以後發生行動困難的小腦症狀，而且有位表哥因為受不了這種病的折磨而自殺，母親後來也診斷出「脊髓小腦萎縮症」。作者坦然道出自己也曾經因為擔心自身帶有這種遺傳因子，而心中備受折磨，後來毅然決定接受基因篩檢，證實自己沒有這種遺傳因子，才除去深藏心中的陰霾。但也因為這種切身的經歷，她才更能了解母親不願晚年還要面對過去罹病的家人所經歷的凌遲煉獄，而能以同理心體會她老人家希望提早結束生命的心願。

接著幾章描述母親的坎坷人生，包括因為貧困的家庭環境而無法獲得更高的教育、不幸的婚姻導致一生遭受不被尊重的痛苦，但仍勤儉自律、不忘布施、重視環保，最後丈夫過世後，雖然能夠有機會與兒女四處旅行、共享天倫，但家族遺傳性的小腦萎縮症在六十幾歲時症狀逐漸加遽，影響其肢體的協調，以至於無法正常走路，常常跌倒而需要看護相伴，最後使她步入「自主善終的抉擇」。

進入主題之後，以〈愛的極致是放手〉這一章道出母親對生命意義的體認，引入「斷食歷程」的經驗分享。作者與母親分享日本中村仁一醫師的「自然死」的看法與作法。這些都是非常珍貴難得的知識，同時也幫忙讀者了解如何與老人家溝通這種非常困難的人生無法避免的最後考驗。

最後幾章更寫出他們家人充滿創意地將人生的終點不帶哀痛地畫上完美句點。〈生前告別式〉使全家人有機會向這位老人舉行溫馨的告別，尤其是孫子整理出阿嬤親口告訴他的人生故事，與阿嬤及全家人一起分享，也使阿嬤本身有機會向家人闡述自己對人生的看法。〈斷食歷程〉提供阿嬤生命最後幾天的詳細記載，包括他們的觀察以及阿嬤的反應，說明斷食可能發生的症狀以及需要的照護。

這本書不只是作者與我們分享家人如何以真情、勇氣與智慧共同幫忙摯愛的母親達成生命自主決定的願望，並且介紹了幾本幫忙他們做這個決定的好書，包括中村仁一醫師的《大往生：最先進的醫療技術無法帶給你最幸福的生命終點》使他們了解「斷食往生」，並且這位日本醫師說明老人在家安詳的「自然死」的善終遠比老人病危時，緊急送醫、電擊、急救、插管、長久住院的「醫療死」，來得更人性化。同時作者也介紹海倫．聶爾玲（Helen Nearing）的《美好人生的摯愛與告別》（*Loving and Leaving the Good Life*），這本書介紹她的丈夫史考特（Scout Nearing, 1883-1983），一位自由主義與自然主義的思想家與行動家的退休大學教授，如何在一百歲生日前，與朋友聚餐時決定：「我想我不能再進食了。」自那以後，他再也沒有吃過固體食物，而有意識地選擇了離去的時間與方式，通過禁食的途徑來擺脫自己的軀體。

讀了這本書，透過活生生的例子，再加上作者引述她如何由這兩本書得到幫忙母親善終的啟示，讓我體會到好書就是作者能與讀者分享他個人的讀書心得與實作經驗，幫忙讀者獲得更豐富的人生經驗，並對自己的未來有更成熟的想法。

最後我想特別對這本書「有頭有尾」的用心編排表達敬佩：

頭：本書開頭就以〈我們與善終的距離〉為序，條理分明地列舉台灣社會目前尚須努力的地方，包括「百分之八十的人在醫院受盡折騰死亡」、「國人死亡前不健康餘命長達八年」、「人們忌諱談死亡，對於生死大事沒有事先討論或交代的習慣」、「當事人交代不要無尊嚴的活著，家人卻未必遵照其意願」、「千里迢迢赴國外安樂死，不符合人道」、「長期照護者心力交瘁，手刃受苦家人，受到良心和法律制裁，是人間煉獄」、「醫師視死亡為醫療的失敗，有太多的無效醫療」、「當生命沒有意義只餘痛苦時，自主善終的權利被法規嚴格限制」，而道出她的心聲：「我分享陪伴母親斷食自主善終的經驗，提醒國人平常就要多與家人共同面對、溝通善終議題。」

尾：本書的最後二章〈第十三章：善終權利立法進化史〉、〈第十四章：不得安樂死的自力救濟〉，將台灣醫界在這方面過去的演進以及將來的努力分六階段來探討，包括「一、有限的安寧緩和醫療照護」、「二、《安寧緩和醫療條例》實施」（二〇〇〇）、「三、《病人自主權利法》實施」（二〇一九）、「四、被動安樂死」。作者認為在台灣，安寧緩和條例和病人自主法都保障了末期病人或極重度失能者可以放棄或撤除維生系統，結束無意義生命的權利，這就是一種「被動安樂死」。我非常贊成作者的主張：「假如病人自主權利法增加『失去意識者可由家屬根據其生死觀代簽同意書』以及『有自主判斷能力之未成年人其家屬或監護人得根據病人意願簽署同意書』，那麼其保障的範圍就更完整了」。「五、醫師協助死亡」、「六、主動安樂死」台灣的民調顯示贊成的多，立法猶待努力。書中所敘述為母親所做的「斷食往生」算是「自力救濟安樂死」的一例，這是沒有安樂死條件下的一個替代方案，即使在安樂死立法通過的國家，因為法規相對嚴格，仍有病人選擇這個方法得善終。

最後，本書的附錄包含〈讀者的迴響與疑問〉、〈簽署「預立安寧緩和醫療暨維生醫療抉擇意願書」辦法及表格〉、〈簽署「預立醫療決定書」辦法及表格〉、

《尊嚴善終法草案》的詳細條文的國內文件，令我對作者的用心十分感動。

看完此書，我不覺慨歎，這本書提供了有血有淚、有情有義的如何在「小我」的立場為摯愛的母親完成「善終」的心願，又能有條有理地整理出這麼豐富的國內國外的資料，影響「大我」的台灣社會。本書堪稱「情」、「理」、「法」三者兼顧的好書！

面對這生死大事，也唯有作者這樣的用心，讓台灣社會大眾慢慢了解，才有可能跨出一大步。我謹在此向作者以及為台灣的善終權利立法進化奮鬥的一群有心人致敬致謝！

序

生命誠愉悅，死亡歸平靜

江盛（婦產科醫師，安樂死立法推動者）

畢醫師和我素昧平生，從未謀面，我們有的共同經驗或許是陪伴母親的死亡，以及不同路徑的醫學生涯，她是復健科，我是婦產科。畢醫師的母親因為遺傳性的小腦萎縮症，八十三歲時以拒絕飲食尋終；而我的母親罹患迅速惡化的巴金森氏症及失智症，八十四歲的臨終抉擇係遵照她的指示，不進行侵襲性的治療，最後在安寧病房躺了兩星期之後過世。因為我們有陪伴至親死亡的共同經驗，也提倡臨終抉擇的新文化，如今畢醫師將這些歷程和思考，回顧整理出版，將一段段特殊的學習經驗，以醫者和女兒纖細的觀察，兼具理性與感性，娓娓道來，並囑我寫序。

恭敬不如從命，我就將我對臨終抉擇

的知識，加上過去在馬偕醫院醫學教育部和馬偕醫學院的教學工作領域所知，針對臨終抉擇的經驗和醫學倫理教學相長所累積的知識，和尊敬的讀者們分享，同時也是向畢醫師和出版社的編輯致敬。

生命誠愉悅，死亡終歸平靜，在平均壽命已經達到八十二歲的台灣社會；老病臨終的各種面貌，以及死亡路徑的認知，亟需學習和預備。臨終路徑圖及伴隨的抉擇考驗，除了判斷人的辨證能力、勇氣與知識，也反映一個人的哲學思維是否隨著年紀增長，與時俱進。

現在，很少人因為盲腸炎、生產或狩獵意外而早死；但是，代價就變成老病的折磨。六十五歲以上，癌的盛行率是一成，至於阿茲海默、漸凍、巴金森氏症，腦部萎縮等神經退化疾病就不斷迅速累積，活越久，人若能身心健康則像中樂透一樣高興難得。

現代醫學固然強大，但許多情況與二十世紀初美國特魯多（Edward Trudeau）醫師的墓誌銘並無二致，「偶爾治癒，經常緩解，總是安慰」（To cure sometimes, to relieve often, to comfort always.）。到最後醫師總是要安慰，能安慰。

目前全球有關臨終的死亡抉擇，至少包括安樂死、醫師協助死亡、病患沒有明確請求的臨終，加強解除痛苦症狀，包括放棄延命治療以及給予持續深度的鎮靜，甚至包括各種自力救濟，例如登上社會新聞版面的不妥當自殺形式。

二〇〇二年，荷蘭將安樂死正式合法化，在合法化之前，其實荷蘭已經執行安樂死超過二十年。荷蘭安樂死法案的名稱是「基於請求的終結生命和協助自殺」，參與的醫師根據適當照顧（due care）的倫理規範，其所執行的安樂死或醫師協助自殺不會受到法律懲罰。

一九八五年荷蘭就清楚定義安樂死，包括使用的藥物，清楚的企圖，病人清楚地請求醫師協助終止生命。

從一九八〇年代開始，荷蘭皇家醫學會的立場就是堅定地支持安樂死合法化，並且呼籲去除醫師想報告他們執行安樂死的障礙。醫學會強調容許醫師執行安樂死，而且安樂死只能在醫病關係中發生。

醫學文獻顯示一九九〇年荷蘭安樂死尚未正式合法化時，已有百分之一・七的人選擇安樂死；二〇一五年增至百分之四・五。安樂死者當中，百分之九十二罹患嚴重疾病，其他則患有老化疾病、失智症、精神疾病或其他併發症，三分之一以上的尋死者年逾八十歲。

至於比利時，也在二〇〇二年將安樂死合法化，這個人口一千一百四十六萬人（二〇一九）的國家，在二〇一八年有二千三百五十七人接受安樂死，平均每天有六人。二〇一四年，國會以「孩童應擁有與成人相同的人權」為由，通過去除安樂死法案中末期病患年齡限制的修正案。

擔心日後陷入昏迷，無法表達意願的民眾，可以在各地市政廳簽署五年內有效的安樂死聲明，讓醫師在評估病患處於昏迷狀態，且不可逆的時候，依據聲明執行安樂死。

早在立法通過前的二〇〇一年，民調便顯示百分之七十五的民眾支持安樂死。比利時的末期病患只要經過二名醫師的評估允許，便可於家庭醫師的協助下，在醫院或自家注射或口服麻醉藥劑。二〇〇八年之前，比利時每年安樂死人數不超過五百人；二〇一三年，一年有一千八百零七人接受安樂死。荷語區更明顯，二〇〇七年，安樂死佔總死亡人數百分之一．九；二〇一三年，比例是百分之四．六。在比利時，安樂死普遍被視為結束生命的一個正當選項，二〇〇九年有百分之九十的比利時醫師支持安樂死。

先進國家規範死亡的法律進程主要包括三類，一是自然死法案（不執行心肺復甦術），二是病人自主法案（昏迷失能時，可以去除餵食管），三是死亡權利（安樂死法案，以處方藥物給自主意識清楚、但痛苦無望的重病者）。

台灣死亡法律的進展與謬誤的地方，在於台灣安寧的先驅和立法者，將規範自然死與拒絕心肺復甦術（CPR）的法律取名為安寧緩和醫療條例（二〇〇〇），暗示死亡的路徑只有透過安寧才是唯一的道路，並且將安寧專科醫師制度化，依附在醫學中心之內，這與安寧的發源地，英國的安寧照護機構，獨立在醫院之外，完全是不同的發展途徑。

換言之，安寧在台灣被專科醫師化、醫療化，安寧醫師的升等和評核，醫療傾向，自負盈虧，自費市場等競爭心態，都和台灣其他專科醫師差別不大。立法院以安寧之名取代自然死，實施二十年來的謬誤，就是將安寧造成死亡專賣的印象，讓台灣社會各界，以及好幾代的醫師，以為臨終道路只有經過安寧才是唯一。

台灣的病人自主權利法（二〇一九年實施）則是規範病人在意識清楚、有明確自主權的時候，有權可以擬定事先的照護計畫（Advance Care Planning，ACP）或醫囑（Advance Directions，AD），當他們失去醫療決定能力的時候，就可以依照原先的意願，中斷或撤除包括人造管路的餵食。台灣自主法允許的範圍包括：

(1) 末期病人 (2) 處於不可逆轉的昏迷狀態 (3) 永久植物人狀態 (4) 極重度失智 (5) 其他經中央主管機關公告之疾病。

台灣病人自主權利法落後美國近三十年，規定四種疾病更是製造病人自主權的障礙。官方的三千元定價，鼓吹風氣，導至不等的市場諮詢費用，難免扭曲醫病關係。

死亡權利法案（俗稱的安樂死）在台灣仍未合法，雖然在二〇一八年，台灣出現安樂死公投的主張，「你（妳）是否同意，意識清楚的重症病人經由諮商團隊評估，取得共識後，可由醫療團隊協助死亡」，但沒有進入第二階段所要求的二十八萬人次的聯署門檻。之後，許毓仁立委在二〇一九年提出《尊嚴善終法》，送入院會，但被擱置。

歷年來，許多民調顯示，八至九成的台灣民眾贊成安樂死。

墮胎和安樂死是生命兩端的倫理議題，兩者發展軌跡類似，彷彿劃過無邊平原的兩道馬車痕跡，兩條平行主軸的一邊是個人自由，另一邊則是存在的價值，而連繫各種不同思維的軸承則是當事者的最佳利益。從思想演化、社會運動和合法化過程來看，墮胎和安樂死有類似的邏輯和軌跡，不同國家、不同社會發展出相異、傳染性但緩慢趨近的演化。墮胎合法化在英國是一九六七年，美國是一九七三年，台灣則是一九八四年。

相較之下，安樂死合法化的過程比較緩慢，目前只存在少數的先進國家，以美國奧勒岡州實施醫師協助死亡的統計顯示，尋求死亡的病患有四W的特徵：分別是白人（white），有錢人（wealthy），教育程度高（well-educated），憂患意識（worried）。當初反對合法化的主張，包括有色人種、窮人會排隊到奧勒岡去尋死的論調，證據顯示完全是自以為是的想像。

安樂死當然是意識清楚的人的自殺抉擇，因此自殺的人文探討和研究就成了一項重大、終極的存在哲學辯證。自殺的歷史悠久，柏拉圖對自殺的看法是節制容許，他認為生命如果變得讓人無法忍受，自殺就是一項理性而正當的行為。疾病或受限的生命，經常是人類選擇死亡的理由。

羅馬時期，地方官都備有毒藥提供那些想死的人，只要他們先在元老院前為自殺的理由辯護，並取得許可，而根據《查士丁尼法典》（*Codex Justinianus*），平民因疼痛、疾病、厭倦生命、瘋狂或畏懼喪失名譽而自殺，都不會被懲罰。

在西方，自殺原本受到寬容；自殺會被定罪是基督教晚期才被發明的複雜概念。自殺成了重罪，自殺者的財產被充公，名譽被破壞，貴族身分和家徽被撤銷，其森林和城堡被摧毀。一直到一八七〇年，英格蘭自殺者財產充公的條文才被改變；自殺未遂者直到一九六〇年，才不須入監服刑。

台灣的社會新聞經常出現不當的，因病尋求解脫的自殺，或他殺方式，反映這些極端不幸，甚至不當的終結生命方式亟需用另外的形式取代，以合法，平安，平靜，預見式的方式進行，而安樂死合法化正是呼應這樣的需求，台灣社會不能再視而不見。

醫師會執行合法的墮胎，因此當死亡權利合法化之後，自然會有仁慈的醫師會以同理心，感知病人的痛苦，進而協助，完成重症病人的自主意願。醫師執行重症患者的合法死亡權利請求，可以瑞士 Life Circle 組織的 Erika Preisig 醫師為例，二〇一六年，她替八十個人執行，對她而言，和病患在一段不短的通訊時間，釐清狀況，所建立的情感極富情緒，如今二〇二一年，她只能承擔每週送終一人，對協助的醫師來說，這不是一件容易、輕率的工作。

死亡權利合法化二十年，執行超過四十年的荷蘭，其人口百分之二十四是天主教徒，百分之十六是新教徒，基本教義的宗教反對者不少，但在以基督教為主的西方國家，卻也是安樂死這項終極人權的實踐國度，上帝的歸上帝，病人的歸病人。各種臨終抉擇，不分人種，到處都有，只有西方人善於爭取權利，而且前撲後繼。他們不只是捍衛自己的死亡權利，還是推動社會前進的自由鬥士。死亡權利合法化在台灣社會卻是一個慢吞吞，遲疑，漸漸燜燒的演化進程。

醫助死亡是屬於終極人權的範疇，非常個人，不必爭取反對者的理解。死亡權利是為了所有會死的人，尤其是可能會死得很慘的人（佔每年死亡人數的百分之一～四）。

畢醫師這本新書，她的弦外之音，隱藏不能再浪費時間，不管是公投或立法通過死亡權利法案，尊重意識清楚、無法治癒、痛苦難受患者的自主願望與權利是時勢所趨。

祝福所有讀者和畢醫師。

序

好好道別、生死兩相安

周志建（資深心理師、故事療癒作家）

中秋節那天早上，當我在靜心冥想時，我突然收到一個靈感，我想邀請紫芹參加我晚上的生命講座。我用賴發出邀請後，不久，紫芹回覆了：「謝謝志建老師，原來我這二天驚慌無助的能量狀態、進入宇宙被您接收到了。」

那晚的課程，紫芹含著淚水告訴大家，先生得了肺腺癌末期，最近幾乎每天東奔西跑到處看醫生，不管中醫、西醫、各種祕方都嘗遍，他們努力抗癌、驚慌失措。然而生活到最後只剩下看病、吃藥，然後這個不能吃、那個不能吃，搞得先生很不快樂、自己也很累。

最後她嘆了一口氣、終於承認：「我好累，我好想休息。」

當下，我問紫芹：「不管你老公能活多久，你覺得在他有生之年，你要如何陪伴他，會讓你以後比較沒有遺憾？」

紫芹思索半响，然後用平靜的口吻回我：「一切如常。好好過日子，好好的吃、開心的活每一天、每個當下，這樣就好。」

隔天一早，紫芹賴我：「自從先生確診癌末這一個多月，心情從沒有像昨夜那樣輕鬆過，我終於睡了一個好覺。」

更驚人的是，她竟然說：「早上我訂了一輛九人座休旅車，準備下午出發，我和先生決定要出去旅行，我們不想在家裡等死，我們要去大自然走走，一起去看看山、看看海。依他的體力精神，沒有目的、隨意走走，累了就到旅店休息……」

好驚人的行動力。這讓我想到一部電影《一路玩到掛》，頓時不覺心中莞爾。愛的極致是放手，好難啊。但紫芹做到了。

旅行那幾天，紫芹在臉書曬了夫妻兩人親密出遊的照片。哇，他們去了海港吃海鮮、滿滿一桌的海鮮，他們大快朵頤，吃得好開心。他們在綠色森林公園裡散步、曬太陽，無所事事。那幾天，他們有說有笑，就算沒事偶爾也會相視而笑。

感謝老天，還好紫芹做了這個決定。

一個月後，紫芹的老公住進了安寧病房。

從他們出遊那天到先生往生，總共一個半月、剛好四十五天。還好，他們選擇了「放手」，不再浪費時間、拚命求醫、跟癌抗戰，把生活與自己搞得烏煙瘴氣、疲憊不堪。因為放手，他們擁有了最後一段美好時光。可以相互陪伴，好好說話、好好道別。

好好道別、好好說再見，太重要了。

面對生死、臨終陪伴，很不容易。感謝畢醫師出這本書，我想，這本書會是將來無數個家庭去面對家人重病、臨終時，最好的臨終陪伴寶典。

很早我就跟我的家人說了，萬一哪一天我有什麼意外、到了醫療無法醫治的情況下，我選擇「不插管、不急救」，我要自然、從容、有尊嚴的走。

沒辦法選擇自己的生，但如果可以，至少我要選擇我要怎麼死。安詳往生是我們的基本人權。

但我知道，這件事對很多人來說是不容易的，其中牽涉到信仰、生命觀、價值觀、社會道德、法律等。

假如醫生告訴你：「你父親若不插管急救，可能很快就會死亡。插管的話，生命可能會延續幾小時或幾天，但是在受完插管痛苦後，他還是會死。」請問，你會作何選擇？

很難，對不對？因為我們被某個頑強傳統價值觀給綁架了，如果觀念沒有「更新」，一定難。

「到底什麼才叫做活著？什麼才是真正的愛？」難道人只要有呼吸、活著就好嗎？當事人的感受、痛苦都不用去管嗎？這個問題，留給讀者您慢慢思量吧。閱讀這本書，或許您心中就會慢慢有了答案。

感謝畢媽媽用她的最後餘生、遺愛人間，給出這麼美好的示範，教會我們如何死亡。

我不知道「斷食往生」是否適合每一個人，但我知道，這可能會是讓人可以安詳、有尊嚴、可以好好道別的善終方式。

感謝畢醫師願意「成全」母親尊嚴死的意願，並做了最美的臨終陪伴。這是一個很美的臨終陪伴示範，尤其是她們幫母親舉辦生前告別式那一段。

我從來沒想像現在這樣，這麼用力、大力地推薦一本書，因為這個觀念實在太太重要了。這是國內寫死亡面對、臨終陪伴最好的一本書。鄭重向您推薦！

序

一本生命教育之書、精采的家族歷史

李宗建（作家，資深生命教育工作者）

翻開《斷食善終》一書，我瞬間被吸引了，一時間停不下來，一口氣看完這本書。

這本書不僅好看，所關注的議題，涵蓋多個層面，不僅帶給我感動，也讓我進一步思索生命，某些段落體驗生命存有，並關注某些社會議題。因此閱讀本書的時候，我心靈常處於澎湃，亦常停下來思索，腦海流轉多個場景，關於我的家族歷史，關於死亡的議題，關於小腦萎縮症的學生，也關於身陷痛苦中的人，還有法律與道德……。

畢姊從母親發病開始，敘說母親的生命故事，探索家族小腦萎縮症歷史，印記留在血脈的陰影，進而關注如何善終資訊，更拉開一條線敘述，呈現父親的生命故事。幾條線索紛呈展現，她承擔醫師與女兒的角色，亦覺察了自己的角色，並且陪伴母親、與母親討論生命，在現有體制之下，陪伴母親善終。畢姊進而陳述其他求助者，遭遇同樣生死的關卡，她不只是同理而已，更積極採取行動，協助病友走過困境，凸顯了法規的局限，甚至她書寫成書的歷程，都需要巨大勇氣體現。

如果將生命視為整體，生命是存在的形式，死亡則是失落的形式，我腦海裡浮現村上春樹《挪威的森林》：「死不是生的對立面，而是生的一部分。」

我在教育與助人領域工作，最常處理人的失落，那些有意識或無意識，人的未滿足期待，形成不同的衝擊。因為人生總有執著，失落帶來的歷程，常綿延影響人的生命，讓人看不清生命全貌，片面的執著於所看見，不願真正面對失落。而死亡是人生最大的失落，無論是自己的死亡，或者是他人的死亡。

本書從思索死亡、面對死亡出發，畢姊在書中提及：「死亡是生命的一部分，思考死亡就是思考生命。」

這是從全貌看生命。

我與死亡之間

我從小身體便多病，多半是小災小病，雖在病中感到痛苦，卻從未有靠近死亡的體驗。

然而，從中學一年級開始，不知為了什麼緣故？我開始對死亡感到恐懼。這份恐懼縈繞數年，常覺得生命無意義，因為人生終歸一死，活著又有何可期盼？我找不到人談死亡，也避諱與人談論死亡，周遭的人們也很少談及死亡。

我不談論死亡的議題，但是死亡的恐懼仍存，經常竄出提醒我、影響我，直到近三十歲，我都生活在死亡的陰影裡，但我不曾經歷親人死亡，生活周遭亦離死亡遙遠。我很納悶世上的人，怎麼都能如此達觀？能忽視死亡終將降臨？是不是我太懦弱，亦或者我太多慮了？

二十幾歲的時候，看村上春樹《挪威的森林》：「死不是生的對立面，而是生的一部分。」我喜歡村上春樹，反覆讀這一句話，始終不能完全理解，僅感覺如哲理或者詩歌。

我從事教職之後，遇到不少孩子問我，關於死亡的恐懼，關於生命離不開死亡，孩子們有巨大的困惑，大人們最常說：「長大以後你就懂了。」說來非常好笑，我脫離死亡的恐懼時已經超過四十歲了。長大之後我並沒有完全懂，除了人生閱歷增長，直到我在心理學、心靈成長與正念靜心得到解答，我方完全接納死亡的概念，才真正懂了「死不是生的對立面，而是生的一部分。」

當我開創了作文班，曾編過一課教材，給十二歲的孩子寫作，主題涵蓋「離別與死亡」。上課時帶孩子討論，不少孩子經驗親人離去，內心存有哀傷與恐懼，在課堂上談著談著，很多孩子落淚陳述，彼此道出自己的經驗，還有埋藏已久的疑惑與情緒，我感覺那是一種釋懷；我要孩子們再以故事形式，寫就一篇課堂作文，孩子在敘說與故事中療癒。當時不少家長來電，抗議作文課談論死亡，抗議孩子還這麼小，不適合談論死亡議題，我最後拿掉那一課作文。

死亡的話題彷彿禁忌，社會風氣看似開放，但是要深入日常談論，似乎仍是個隱形禁忌。畢姊以自身經歷，直接談論死亡的課題，我認為這是深刻的良知，因為敘述帶來了療癒，討論帶來深刻的思維。

因為不談論死亡，死亡並不會消失，恐懼的能量不會流動，平靜和諧的喜悅不易獲得。

這樣的敘說與討論，也真正將重心放在生命，以全貌去關注一個人，並非關注疾病本身，生命不僅僅只是活著。

人與眾生的關係

我所學習與傳遞的薩提爾模式，以冰山作為人的隱喻，人的形式、能量與存有，都與人的價值、自由、意義、接納與愛，有著緊密的關連性，若是人脫離了這些體驗，人與自己的關係，就會斷裂失連，生命就無法存有，那是生命的基本形式。

我的父親是流亡學生，一九四九年流亡到澎湖，輾轉被送至火燒島，他在火燒島自殺兩次。家父是個生命力強勁的人，從來不願意服輸，他能在任何困境下求生，因此他能撐起一個家，在經歷無盡挫折之後，拉拔四個孩子長大。這樣的生命怎麼會選擇自殺？我重新審視他那一段生活，他在火燒島期間的經歷，曾被日夜處以「無意義勞役」。

父親日夜做勞役，勞役的本質若有意義，生命會體現一種能量。但家父的勞役內容，是搬運三百塊石塊，從東邊搬至西邊，再從西邊搬至東邊，生命缺失了意義感，將不再體現價值，遑論人的尊嚴、愛與自由？看不到任何希望，只有無止盡的折磨，家父因此自殺兩次。

我利用電腦通算了本書，尊嚴一詞出現六十四次，意義出現二十七次，自由出現十九次。當一個生命感覺不到尊嚴，無法體現意義與自由，這樣的生命能否有不同選擇？去體現生命的存有？

當一個人能體驗了存有，與周遭的人才有真實連結。本書提及的幾個片段，在生與死邊緣存有的人，不再有生之希望，以無意義、無價值與無尊嚴的方式，存有的狀態是否值得？無怪乎在此經驗中的人，包括長期插管、飽嚐痛苦之人，多次想自盡了結。

但是陪伴者並非如是想，不少陪伴者的觀念，認為活著即是意義，因為活著的人不想面對失落。此時生命的意義不是對無望的生者，而是對期待其活著的陪伴者。從這個角度可以看見，人與眾生的關係，包括醫病關係、親屬關係、陪伴關係……等諸多關係，可以有一個縫隙覺察，我們如何看待生命？

畢姊與母親商量善終，除了辦了生前告別式，並且陪伴母親善終二十一天，寫下簡短的陪伴記錄，我很仔細的看著這些記錄，看到記錄的第二十一天，我心中油然升起一股能量，感到儀式的完成，我辨別了內在的失落、悲傷與感動，我停在彼處經驗這些能量，那是一種對生命的尊敬，一種深刻而通透的尊嚴感。

求來的一篇序

第一次與畢姊見面，是在一個心靈成長團體，我主動詢問畢姊，要怎麼稱呼她比較適切？畢醫師、柳鶯，還是畢姊？

畢姊很直接的說：畢姊。大家都叫我畢姊。

因此我全文以畢姊稱呼。

我得知畢姊要出一本書，聽她談及書中內容，她在團體中透露一部分，聞者聽見她的家族故事，聽她陪伴母親善終一段，莫不動容與欽佩。我當時甚自不量力，提議彼此出書互相寫推薦文？

未料畢姊非常直接，不在乎我是後輩，很爽快的答應了。

我亦未料本書如此精采，讓我在很多段落，包括家族敘述、生命歷程、家庭圖與小腦萎縮各部分，我都很想陳述與讚歎，但最終選擇了死亡與善終，寫下我個人的經驗與思索，然則，此書遠遠超過我想表達的部分。

這是一本生命教育之書，也是精采的家族歷史，從個人的生命遭遇，關注個人的生命史，充滿人性的關懷，將生命視為整體，接納也充滿療癒的能量。

我很感謝畢姊給我機會，也謝謝畢姊寫下這本書，對於台灣社會，對於生命的眼光，都是一本重要的書，竟讓我得以藉文字，佔此書一部分篇幅，獻上我滿滿的感動與尊敬。

自序

我們與善終的距離

身為復健科醫師，經常面對復健後仍殘留重大失能，生活毫無品質與尊嚴的病人。年輕時，沒有太深感觸，年長後越來越覺得難受。有些人只餘軀殼般的活著，照顧者苦不堪言，常囑咐後輩以後自己可不要如此「拖磨」。有次門診，病人低頭歪著身子坐在輪椅上，眼神下垂，全程不發一語，一副莫可奈何、事不關己的樣子。我建議家屬，因為病人痰不多、有自主呼吸能力，可以拔除氣切管了。病人的兒子當場拒絕，理由是：「萬一被痰堵到，抽痰不便，豈不危險？」我解釋：「留著氣切管有許多不便，也不舒服。他活得這麼辛苦，也不用太在意是否有意外，那也是一種解脫啊！」家屬立刻轉身對著他父親說：「那怎麼可以？我們很愛你呀！」我看見病人抬起頭來，眼神懇切的望著我，那種「終於有人懂我」的表情，我至今難忘。家屬嘆氣說：「今天早上，我父親拿頭去撞牆，我知道他很痛苦，他也想早日解脫。」此事不了了之。

我的母親於六十四歲時因兩腳無法併攏站立，身體搖晃，被診斷罹患進行性小腦萎縮症。這種疾病，小腦負責的協調功能會逐漸喪失，末期將癱瘓在床、無法言語、進食。母親囑咐疾病末期要幫她解脫，此事我一直放在心上。

母親擅長瑜珈，在家積極復健，於八十三歲時惡化到日常生活完全無法自理、不會翻身、進食容易嗆咳的地步。因為生命失去了意義，每日要忍受各種痛苦與不便，病情只會更急遽惡化，選擇斷食自主善終。經過三個星期的漸進式斷食後，在家人的陪伴中安詳往生。我帶著忐忑的心情陪伴、照護，感謝老天，一切順利。母親擺脫了身體的桎梏，往生樂土。

母親過世後，我把整個過程記錄下來在部落格發表，得到超乎預期的迴響，看來民眾非常關心善終議題，不過台灣普羅大眾忌諱談死亡，安樂死不合法，我們與善終仍有著遙遠的距離。

一、百分之八十的人在醫院受盡折磨死亡。

二十一世紀，醫學在各方面都有長足的進步，疾病的治癒率大為提升，人類的平均壽命也大幅延長了，然而侵入性的治療帶來的痛苦也更多。重症被救活但生活品質低落的情況比比皆是。半世紀以前多數人是在家中安詳往生，如今百分之八十的人在醫院或療養機構中死亡（參考日本的數據）。醫院對往生者而言是一個陌生、不適合陪伴與道別的場所，何況有些病人住在特殊病房，只有短暫的探病時間，身上有各種管路，連口語表達都有困難。多數病人在疾病末期都有想回家的願望，但是礙於醫師不放行或者家屬擔憂照顧困難，最後帶著痛苦和遺憾在冰冷的醫院離開人世。有許多人甚且在臨終時，接受插管、電擊、壓胸等急救措施。這個「醫療死」的過程，帶給往生者痛苦，存活者傷痛。

二、國人死亡前不健康餘命長達八年。

內政部簡易生命表顯示二〇二〇年的全國平均壽命是八十一．三歲，男性平均七十八．一歲，女性平均八十四．七歲。然而死亡前國人平均不健康餘命（臥床、依賴他人照顧）長達八．四七年。扣除急症死亡的案例，臥床時間長達數十年者有之，例如高中時車禍嚴重腦傷的植物人王曉民是臥床四十七年才往生。我的公公和叔叔兩兄弟，都是失智臥床十二年往生。我曾經因為安胎在家中臥床修養，可以聽收音機、看書、行動自如，短短三個月，尚且度日如年，頭昏腦脹；癱瘓臥床多年，當事人若可以表達，一定是說：「讓我走吧！」照顧者看著受苦的家人，莫不是交代晚輩，以後我一定不要這樣歹活。是什麼因素造成台灣有數十萬人這樣無意義、無尊嚴的活著？值得深思！和西方先進國家比起來，日本的情況與台灣類似，作家松原惇子寫了一本《長壽地獄》來描述這種現象。

三、人們忌諱談死亡，對於生死大事沒有事先討論或交代的習慣。

忌諱談死亡，好像是人類共通的盲點，亞洲人尤甚。許多人自己都是老人了，還不願意面對其父母隨時可能死亡的議題。華人長輩會交代後事如何辦理才能庇蔭子孫，然而談及若發生重大傷病或生命末期希望如何處理的卻不多。人世無常，事故突然發生時，當事人無法表達意見，家屬六神無主或意見紛紜，醫療單位擔心被告，以盡量救活為原則，造成許多長期臥床，家屬事後懊悔的案例。記得有一次，放射科教授在討論會中看到我們復健科住院患者的腦部影像太糟糕，嘆息道：「腦部影像看起來毫無復原機會，這病人的太太年紀輕輕註定要守活寡呀！」是家屬非救不可，還是外科醫師太想拚拚看呢？平時多溝通死亡議題，醫者詳實解說治療的預後，都是重要關鍵啊！

四、當事人交代不要無尊嚴的活著，家人卻未必遵照其意願。

有不少人在生前會清楚表明，當他（她）們病危的時候，不要被送進加護病房，不要任何管子和醫療器具來維持生命，更不要死在冰冷的加護病房裡。所以，無論是氣切、電擊、插管、鼻胃管、導尿管……通通不要。但面對白紙黑字，同樣深愛他（她）的家屬們仍可能出現不同的解讀，而有不同的選擇。

在醫院也有病人表達放棄維生醫療意願，卻因為家屬意見不同，醫師被迫繼續執行無效醫療。臨床上，還聽聞有人為了保險金或者退休年金而不願撤除長輩的維生系統，延長其無意義的生命，更叫人唏噓。

五、千里迢迢赴國外安樂死，不符合人道。

罹患胰臟癌的傅達仁先生，因為膽囊已被切除，胃也被切除了一半，消化功能很差，吃什麼拉什麼，痛苦不堪。他寫公開信給總統，希望通過安樂死立法。總統府回應請安寧照護幫忙，但是傅先生試過安寧照護了，還是有很多痛苦無法改善。人不是神，醫療有其極限，這是可以預見的。我很想告訴他：你只要斷食幾天，就可以自助安樂死了。不過，看他上媒體的時候精神煥發，感覺他似乎有使命感，想引起社會重視、討論安樂死議題。猜想他的目的是要凸顯法治、民主、重視人權的先進國家有此政策，台灣政府應該慎重規劃相關立法，造福國人。之後，傅先生遠赴瑞士進行評估、執行安樂死，花費龐大外，客死異鄉，也是不得已的選擇。

六、長期照護者心力交瘁，手刃受苦家人，受到良心和法律制裁，是人間煉獄。

雲林縣斗六市二〇二一年八月發生一起人倫悲劇，張姓男子因車禍久病厭世，多次試圖輕生失敗，央求父親協助自殺，並寫下遺書。張父在兒子的哀求下一刀將兒子刺死，隨後報警自首，雲林地院依加工自殺罪判張父一年六個月徒刑，緩刑三年，緩刑期間付保護管束。之前也有丈夫殺死久病臥床妻子的悲劇，這類事件時有所聞，對照顧者和被照顧者而言，不論是生是死，都是人間煉獄。這種情況越來越多，已經成為嚴重社會問題。

七、醫師視死亡為醫療的失敗，有太多的無效醫療。

醫療再發達，仍有其局限，若醫師給予詳實的分析，對於治療過程痛苦，但效果不佳的疾病，人們有放棄治療的權利。現實世界有太多病人甚至是醫療人員在醫師解釋成功機率百分之五十或更低的情況下，仍放手一搏。結果從治療開始住進醫院，直到死亡才出院，家人無法好好陪伴，也沒有好好告別。我有位朋友身體不適，發現已經是胰臟癌末期，經由醫師說明，知道預後不好，選擇不接受治療。在家中修養數月，只是虛弱，並無很大不適，連止痛藥也不必吃。過世前三天她還斜躺在沙發上和我閒聊了兩個小時；往生前一天神識不清，無法進食，次日安詳的走了。這就是傳統上沒有醫療介入的自然死亡，並沒有太多的痛苦。目前加護病房有將近百分之二十的資源使用在無效醫療，增加健保負擔且間接剝奪了其他病患接受救治的機會。

八、當生命沒有意義只餘痛苦時，自主善終的權利被法規嚴格限制。

現代社會有許多意外、疾病以及醫療的介入造成越來越多的人失去意識、重度癱瘓、依賴維生系統而沒有意義的歹活著。當生命僅餘痛苦，不再有樂趣，且造成家人和社會的重大負擔時，人們是否有自主善終的權利？有些人因為信仰而反對，但他有資格限制別人的自主權利嗎？二〇一九年通過的《病人自主權利法》規範了某些情況時，病人可以選擇不治療、不急救，自主善終。但只適用於二十歲以上，有行為能力的少數幾種疾病患者，政府所制定的範圍一定是最恰當的嗎？考慮得夠周全嗎？人們為何沒有自己選擇的全然自由？

基於上述原因，我分享陪伴母親斷食自主善終的經驗，提醒國人平常就要多與家人共同面對、溝通善終議題。有民調顯示九成以上的民眾贊成安樂死，希望人民積極督促政府盡快規劃出完善的配套措施，促成《尊嚴善終法》的通過。死亡是人生的一部分，生是自然的，死也是自然的。無痛苦、有尊嚴的自然死，才是人類的終極福祉。

本書探討的議題主要涵蓋四個面向，首先是介紹小腦萎縮症這個遺傳性疾病對家庭、個人的影響，基因篩檢以及積極復健的歷程。其二是疾病末期失去人生意義因而決定斷食善終的心路歷程，以及臨終照護與陪伴。其三是探討死亡恐懼、求善終之困境、善終法規之發展與死亡自主權之辯證。貫穿其中的是家庭書寫，呈現五代人之間的愛與情感糾葛。

書寫，同時為了紀念我善良、堅毅、勇敢、聰慧的母親，我深信她在天之靈已經安息。她的故事感動、啟發了許多人，她的精神將永存人間。

註1──《長壽地獄》，松原惇子，商周出版，二〇一九。本書第一八一頁以圖表說明一九五一年到二〇〇九年間日本人死亡場所的改變趨勢，在醫院死亡的人口從百分之十增加到百分之八十。二〇〇〇年的數據顯示死於自宅的僅有百分之二．八，遠低於法國的百分之二十四．二和荷蘭的百分之三十一。

註2──《凝視死亡：一位外科醫師對衰老與死亡的思索》（*Being Mortal: Medicine and What Matters in the End*），葛文德（Atul Gawande），天下文化，二〇一八。本書第二十二頁，身為美國外科醫師的作者提到：在一九四五年以前，美國人大多在自己家中去世，但到了一九八〇年代，只有百分之十七的人如此──那些在家中過世的人通常是因為猝死，來不及送醫。整個工業世界都如此，衰老與死亡總離不開醫院和養老院。在美國，一九九〇年代安寧緩和醫療發達以來，在家中死亡的案

例才又逐漸增加。

註3—無效醫療的英文為medical futility，futility這個字源自拉丁文「futilis」，本意為「易漏的」。意指用漏水的容器，不論反覆提多少次水，將徒勞而無功。當提供的治療對病人沒有助益，只是延長末期的死亡過程時，所有的處置皆被視為無效醫療。最常應用於評斷加護病房醫療之效益。隨著人類平均壽命的延長，加護病房裡無效醫療的比例越來越高。

引言

思考死亡與面對死亡

死亡是生命的一部分，思考死亡就是思考生命。

人從一出生，就是一步一步走向死亡的終點。人終有一死，不過一般人很少思考死亡。也許這是一種自我保護作用，可以避免處於恐懼死亡的焦慮。

我第一次接觸死亡是十歲那年農曆七月半，宜蘭利澤村的冬山河邊有小朋友玩水溺斃，我帶著弟弟妹妹加入圍觀的人群中。當他的父母抵達時，小朋友突然流鼻血了。意外往生者見到親人會七竅流血的傳說，流傳已久，親眼目睹帶來永遠無法磨滅的印痕。這意味著人死以後，靈魂還在嗎？冬山河每年總有幾個人溺斃，通常是在七月半、八月半、春節前這些特殊的日子，傳說是溺水冤魂在找替死鬼。若此為真，也是死後有靈魂的印證嗎？我十二歲那年，也是農曆七月，父親夜晚騎腳踏車過橋，沒有發現橋樑修繕中，連車帶人落入河中，幸運被救起。沒想到第二天，一位深諳水性的人游泳溺水而死。全家人驚慌一場，對於替死鬼之說，印象深刻。

從小害怕靠近廟宇，因為廟宇牆上經常出現地獄裡上刀山、下油鍋等各種恐怖的畫面。為非作歹之人死後會下地獄，本是為了勸人向善，即使只是對父母不孝也要下地獄，對孩童而言，反而造成對死亡的恐懼。

我的長子從小學四年級開始，經常表示非常害怕死亡，問我死亡是怎麼回事？當時我雖然擔任醫師數年，上過解剖課，在醫院裡見過不少死亡案例，但是學校不曾開過死亡課程，醫院裡只把死亡病例當成醫療失敗的結果。定期召開死亡病例研討會，目的也是為了釐清死亡的病因。我未曾深思，死亡是什麼？臨終之人有何感受？

印象中我回答長子：「人死了就什麼都沒有了，什麼感覺都沒有了，不用怕。」他覺得這答案更讓人覺得恐怖，活蹦亂跳的一個人，怎麼會變成什麼都沒有了？我換了一個答案：「人死了只是肉身毀壞，靈魂會永遠存在生者的記憶中。」

最近與他核對此事，他記得的是我跟他說：「長大了就不會怕了。」

由此可見，雖然懂事之初，曾經恐懼死亡。之後二十幾年，我忙碌於學業和工作，即使比一般人見過更多的死亡，身為醫師的我並沒有認真思考過死亡，因此無法幫忙減輕兒子對死亡的焦慮。

美國精神科醫師歐文．亞隆（Irvin D. Yalom）在《凝視太陽：面對死亡恐懼》（*Staring at the Sun: Overcoming the Terror of Death*）書中描述一位母親面對孩子提出相同疑問時的回答：「你眼前還有很長的人生要走，沒道理這麼小就煩惱這件事。」「當你老到快死的時候，你要不然是覺得死亡沒什麼，要不然就是有病在身，你會想快快解脫，不管是哪一種情況，那時候你都不會討厭死亡。」

聽起來這答案深具智慧，不過這個孩子雖然記得母親的話，即使長大成人，仍然為了死亡焦慮去找亞隆醫師做心理諮商。而亞隆八十五歲所寫的自傳《成為我自己：歐文．亞隆回憶錄》（*Becoming Myself: A Psychiatrist's Memoir*）書中，還是用了不少篇幅述說他自己的死亡焦慮。

亞隆問過自己和病人：「對於死亡，你最害怕的是什麼？」常見的答案可分為兩類，第一：「無法做自己喜歡的事情，或無法看見自己關心的人之後的發展。」

第二：「擔心自己的配偶、伴侶或者是子女，如何度過沒有他／她的日子。」不論是哪個答案，最在意的無非是自己和所愛之人，那麼有生之年最重要的事情，不就是好好善待自己和所愛之人嗎？面對死亡時，所有的名利、物質皆可拋。

在《凝視太陽》書中，亞隆提到漣漪概念：我們每個人往往在不知不覺中，起了同心圓向外擴散的影響力，可能影響他人好幾年，甚至好幾代。唯有人的善行，唯有人對他人的德澤，能夠超越己身的有限而永垂不朽。我們一生中可能對陌生人有過善行、照顧了親友、工作中服務他人、指導或啟發過他人，甚至留下文字、音樂、藝術或科學的遺產。如果感到此生沒有白活、沒有遺憾，也許可以減少死亡的恐懼。

死亡的滋味，無人能知。畢竟沒有哪位亡者能夠回頭告訴我們死亡是什麼？然而，我們看過、聽過許多親人的死亡對生者造成的影響。朋友的母親已經八十幾歲，洗腎超過十年，在一次晨泳中意外溺斃。雖然其母在生前多次提到希望快速死亡，不要慢性臥病而死，自己受罪，也連累子女，但是母親突然的離去，這位朋友陷入了深沉而長久的哀痛。足足有兩年之久，她身陷陰鬱的情緒中，連說話的音調都與以往不同，也很難露出笑容。

我的外婆早逝，冬山阿姨長我母親十一歲，對我母親疼愛有加，我母親視她如母。家中三姊弟自然也最喜歡這位阿姨。但是阿姨的長子在十七歲的時候，死於工廠的意外。阿姨的眼睛差點哭瞎了，表哥的遺照被一頂帽子遮著，因為阿姨看到表哥的照片又要淚流不止。從此阿姨的面容如憂傷的聖母雕像，數十年沒有見到阿姨快樂的笑過，偶爾露出笑容，也像是石膏的臉，在眼角和嘴角有一絲絲肌肉的牽動而已。在國中的年紀，我見識到「白髮人送黑髮人」是人間至痛。

沒想到過了幾年，她的小兒子當兵回來，騎摩托車意外身亡。我們都擔心阿姨熬不過去，不知說什麼才好，只能默默的陪伴她。有一位師父開導她，她與兒子的緣分淺，只能陪伴那麼多年，她因此比較釋懷了。在復健科病房，除了腦中風的中老年人以外，最多的就是年輕男性的腦外傷和脊髓損傷者，病人多半是由母親照顧，我總把對阿姨的疼惜移情到這些母親身上。

冬山阿姨晚年得了血癌，遠從宜蘭到台大醫院接受治療，我母親也幫忙照顧。非常心疼她做骨髓穿刺、化療的艱辛。所幸治療後，症狀得到暫時緩解。但是三年後，血癌復發，治療無效，阿姨往生了。母親奔喪回來，興奮的告訴我，她從來沒有見過阿姨這麼美麗、這麼春風過，臉上甚至有淺淺的笑容。她覺得阿姨終於擺脫了喪子之痛，一定是在天上見到兩個兒子了。並且告訴我，若為了多活三年，吃那麼多苦，受那麼多罪，她覺得不值得。可見，我的母親對死亡無懼，害怕的是病苦！

一九八〇年代，我在台大醫院擔任復健科住院醫師，植物人王曉民在父母照顧了二十年以後，情況不佳，其父母不忍女兒繼續受苦，提出安樂死立法的需求，引起社會廣泛討論。台大醫院就在立法院附近，我記得我在安樂死立法的連署單上簽了名，那是我第一次接觸安樂死的議題。當時我已經對「歹活不如好死」有所認同。

復健科經常要面對生活品質很差的嚴重失能者，看到病人餘生痛苦無邊，家人負擔沉重，心中非常不忍。許多女兒為了照顧父母，終身不婚，因為沒有機會交男朋友，也沒有餘力成家。許多母親或者妻子因為照顧臥病的子女或配偶，長期被困在病床邊，沒有自己的生活。當然，也有男性家屬作這樣的犧牲，這些男性在復健醫院裡面都被當作模範生一般讚揚。我覺得毫無尊嚴的終身纏綿病榻，對當事人及其家屬而言都極其殘忍。一直期待安樂死完成立法，倏忽四十年已過，可惜至今尚未成功。

一九九九年我閱讀美國生死學大師伊莉莎白・庫伯勒–羅斯（Elisabeth Kubler-Ross）所寫的《天使走過人間：生與死的回憶錄》（*The Wheel of Life: A Memoir of Living and Dying*）才首次接觸到「臨終關懷」的觀念。她於一九六七年開始主持一種研討會，請疾病末期的病人來到會議現場，不是為了探討疾病的成因與治療，而是請病人訴說他們的內在感受、需求、遺憾或者是願望等等。在那人人避談死亡的年代，「臨終」、「死亡」等名詞在一般研討會裡都不會出現。事實上，病人從家屬與醫師的反應，對於自己將不久於人世已經心知肚明，醫師的不明說讓他們感到憤怒，家屬的逃避也讓他們覺得孤單。這個研討會提供他們吐露心聲的機會，也感受到有人關懷的溫暖。這樣的研討會對醫學生有很大的震撼與啟發，讓他們理解死亡乃是人生的一部分，讓臨終者身心靈得到照顧，沒有遺憾的離開，也是醫者的任務。然而多數把死亡視為醫療失敗的醫師同事們卻非常排斥，不來參加研討會，甚至故意不轉介病人給羅斯醫師。

羅斯醫師關懷臨終病人所思所願的觀念，也運用到了她父親的身上。她父親疾病末期，期望回家善終，但是醫師不放行。她從美國飛回瑞士，直奔醫院，和醫師理論。最後簽下「違反醫師建議自動出院切結書」，帶父親回家。在救護車上，她拿出預備好的香檳酒與父親乾杯，父親思念這美酒已經很久了。數日後父親在掛著瑞士風景畫的房間，聽著窗外熟悉的教堂鐘聲中安詳離開人世。這個案例凸顯諸多醫師只看見「疾病」，而未連結「病人」的感受與需求，實在是醫學教育的失敗！

羅斯醫師將研討會經歷彙整，於一九六九年出版《論死亡與臨終》《*On Death and Dying*》一書，得到很大的迴響，此書日後成為該領域的經典教科書。美國《生活》雜誌（*LIFE*）採訪報導了一場「死亡與臨終研討會」，讓她一舉成名。那次研討會的主角是一位二十一歲的年輕女性，她在研討會中不談疾病與死亡，卻是侃侃而談假若她能夠活下去，她有多少想做的事情、有多少抱負想要完成。羅斯從病人身上學習到，面對死亡是為了不要留下遺憾，是為了好好活著。然而院方還是對她非常不諒解，他們認為醫院是要救活病人的地方，羅斯把這家醫院變成名聞遐邇的死亡醫院。羅斯醫師被戲稱為「死亡醫師」。

羅斯醫師的觀念超越了時代，八〇年代歐美先進國家陸續設立臨終安寧照護病房，台灣在一九九〇年成立了第一個安寧照護病房，提供臨終病人舒適有尊嚴的善終服務。目前各大醫院都有這樣的服務，甚至有居家安寧照護的服務，病人可以在自己的家中善終。

日本的中村仁一醫師也可稱為另類的「死亡醫師」，他從一九九六年開始定期舉辦「思考自己之死」的集會。集會的標語是「要讓現在活得精采，就必須思考死亡」，與會人士自由溝通有關生與死的想法，討論末期醫療、癌症的宣告、腦死、器官移植、延命治療、尊嚴死、安樂死、生前意願等等議題，許多時候大家只是分享如何活得暢快。不只談論，還要行動，辦過「壽衣服裝秀」、「模擬葬禮」、「我要躺進棺材」等活動。在當時的日本社會，死亡還是一種禁忌，他的作為引起很大的爭議，但是這個集會每次都有數十人參加。至二〇一七年時已經連續舉辦二十一年，有超過二百二十五次的聚會。

中村醫師甚至在家中放了一副可組裝拆卸的環保瓦楞紙棺材，每年除夕，他會在裡面躺上幾分鐘，回想這一生，反省過去一年做了哪些事情？有什麼需要改進的地方？未來有什麼計畫？他從七十歲開始認為自己已經過了「賞味期」，隨時都可以沒有遺憾的離開人世，每一天都是老天爺額外給予的。

中村醫師於二〇一三年出版《大往生：最先進的醫療技術無法帶給你最幸福的生命終點》，提倡傳統的在家「自然死」（natural death）。在日本百分之八十左右的人在醫院死亡，許多沒有必要的醫療措施，延長了死亡的過程，造成人們死亡之前受到極大的痛苦。

他認為得癌症而死，是最好的死法。有充分的時間處理身後事，與親友告別。在他看來癌症是一種老化，癌症本身不痛苦，是治療癌症造成了痛苦。他已經過了七十歲，主張重病不叫救護車、不住院治療，在家自然死，死亡是留給晚輩最後的遺產。他對死亡的豁達，對生存的積極態度，令人讚賞。

達賴喇嘛對死亡的看法非常積極正面。他認為死亡是生命的一部分，不論我們喜不喜歡，它註定會來臨。害怕死亡而逃避它，還不如去瞭解它的涵義。覺知死亡之必然是一件好事，如此我們才會專注於此生的修行，善用這個已經獲得的特殊人生，多做利己和利他的善行，那麼死亡的時候將沒有遺憾。死亡可以是欣慰的事，人的靈魂將輪迴再生，死亡不過是換件衣服。這件衣服老了、舊了、破了就應該換掉，身體毀壞了也是如此。死亡如此簡單，不是神祕、黑暗的，那麼不需要恐懼它，需要的是努力過著有意義的生活。

註1—《凝視太陽：面對死亡恐懼》（*Staring at the Sun: Overcoming the Terror of Death*），歐文・亞隆（Irvin D. Yalom），心靈工坊，二〇〇九。

註2—《成為我自己：歐文・亞隆回憶錄》（*Becoming Myself: A Psychiatrist's Memoir*），歐文・亞隆，心靈工坊，二〇一八。

註3—《天使走過人間：生與死的回憶錄》（*The Wheel of Life: A Memoir of Living and Dying*），伊莉莎白・庫伯勒-羅斯（Elisabeth Kubler-Ross），天下文化，二版，二〇〇九。

註4—《大往生：最先進的醫療技術無法帶給你最幸福的生命終點》，中村仁一，三采文化，二〇一三。

註5—《達賴生死書》，達賴喇嘛，天下雜誌，二〇二二。

第一章

小腦萎縮基因篩檢記

二〇〇一年春節回娘家前，母親在電話裡說她走路越來越不穩了，上下樓梯都要用手扶。她抱怨走路不穩、容易跌倒好幾年了，但是平常除了照顧中風的父親以外，各項運動、家事樣樣來，手腳俐落得很，我想一定又是她多慮了。

沒想到，幾個星期沒見，她清瘦不少，兩腳併攏站立時身體搖晃得很厲害，更別提單腳站立了。

我的臉色一定露出異樣，母親頻頻追問：「我中獎了，是不是？我都這麼老了，怎麼還會發病呢？」我愣坐在一旁，腦中一片空白，說不出話來。

在此之前二十年，比母親小三歲的表哥由於走路搖搖晃晃，來到我擔任住院醫師的台大醫院神經內科看診，經過一系列檢查後主任給了一個罕見的診斷：脊髓小腦萎縮症（SCA: Spinocerebellar Ataxia）。他請我好好問清楚家族史，把資料交給他。

一路問下去才發現，原來舅舅從三十幾歲起，走路就像醉漢一樣，應該也是這種病。表哥確診的三年前舅舅因行動不良被診斷脊椎狹窄壓迫神經，脊椎手術後雙腳幾近癱瘓，無法解尿，就再也沒有下過床。外婆四十歲難產病故前身體無恙，但是外婆那邊很多房親戚都有人年輕時就走路不穩，日後行動不便長期臥床的。從密密麻麻的家族罹病分布圖看起來，男、女罹病機會相當，是一種顯性遺傳。只要父母中有任何一人罹病，每位子女都有二分之一的機率罹病。

這是舅舅一家人悲慘命運的開始，舅舅在臥床五年後利用電線綁住脖子，身體滾下床自縊身亡。表哥在確診十年後，以塑膠袋悶住頭部，窒息掙扎而死。表弟二十幾歲發病，臥床七、八年無法言語、吞嚥，全身關節變形、壓瘡、瘦得皮包骨過世，得年才四十二歲。而表哥和表弟的孩子們已經多人發病，年齡不過十幾或二十幾歲。這疾病有個特徵，下一代會在更年輕就發病（anticipitation）。二表嫂因為女兒、兒子、丈夫先後得病，先是酗酒，後來得到憂鬱症，數年後不明原因猝死。

從此，家族有遺傳疾病的陰影，潛伏在我們的腦海裡。母親的多位姊姊當時好像都沒有發病的跡象，已經六十四歲的母親年紀早超過疾病好發年齡（三十至四十幾歲間），因此家人很少談及這件事。就連從事醫療工作的我，雖然知道幾年前已經可以做基因檢測，也沒想過要去面對這個問題，鴕鳥式的以為外婆把基因傳給兒子，女兒家人可以豁免。

看到母親明顯的平衡障礙，心知不妙，腦袋裡千頭萬緒，卻必須故作冷靜，安慰母親：「看了醫師再說。」先生得知此消息，萬分焦慮，覺得有如從雲端摔落，人生突然變色，夜裡輾轉難眠，又怕我承受不了打擊，頻頻勸慰。短短幾日白了頭！

陪母親到神經科看診，醫師做了理學檢查，平衡感有明顯障礙，安排我們到研究室抽血檢查，我知道八九不離十，劫數難逃了！不過還是要等基因檢查的結果，同時也安排了腦部磁振造影（MRI）以幫忙確定診斷。

照MRI要半個鐘頭，母親說感覺時間好長，全身不停地發抖，身上穿著薄薄的衣裳，蓋著一層薄薄的被子，在小小的密閉空間，好擔心機器會不會故障？機器不時傳來不同的聲響，不知道何時聲音會響起？也不知會響起何種聲音？恐怖又漫長的檢查！醫療人員很少知道，我們習以為常的檢查，病人這麼難受！

母親多半也看出端倪，不斷問我可不可能是別的病？我告訴她譬如感染、腫瘤也是有可能，所以要照腦部磁振造影。她說她希望她得到別的病，只要不是小腦萎縮症就好。她寧願是腦瘤，就算是癌症也沒有關係，開腦她不怕，死掉她也不在乎，只要不要遺傳給孩子、孫子就好。我心悽悽然！

我拿了磁振照影的片子，請教熟識的放射線科主任：「這像是多大年紀的MRI？」答約：「五十歲左右，只有看到一個很小的空洞，其他都正常。」我說病人有小腦萎縮家族史，目前已經有明顯平衡障礙。他說：「這樣的話，影像有符合小腦萎縮症。」病症早期，小腦的萎縮輕微，還在正常範圍內。和先生商量以後，決定瞞住所有家人，不要弟弟、妹妹和我們一樣面對這種煎熬。

我先生是婦產科醫師，利用產前篩檢，可以讓兒子和外甥不要生出帶著此遺傳基因的孩子，我們絕不能讓年紀輕輕的第三代面對這種生命之沉重。

電話裡我告訴母親她沒有小腦萎縮症，只是有些陳舊的腦中風，平衡感不好是因為年紀大了老化的關係。她雖看不到我（我住台中）因為撒謊而不自然的表情，但還是聽出來女兒沒有對她說實話，堅持要自己去看基因檢測的報告。

她去台北榮總看報告，檢查結果是台灣最常見的第三型小腦萎縮症。遺傳諮詢的技術員，很驚訝她怎麼無人陪伴，獨自來看結果，而且聽到結果還異常的冷靜，沒有驚慌、沒有悲傷，不斷稱讚她真堅強。母親當時正在學電腦，還告訴我她也許應該去學英文，免得將來跟外籍看護無法溝通。

母親希望我們三姊弟都去做檢查，她說她老了，生這種病沒有關係，然而她放心不下三個子女、三個外孫，萬一得病怎麼辦？她更不能接受外孫再生育有病的下一代。

我反對未發病者做檢查，這種病目前尚無有效的治療方法，提早知道了於事無補，只是影響心情而已。尤其是孩子們，年紀輕輕如何承擔這些？母親認為孩子假如帶有基因一定要知道，交女朋友時要告訴對方，不能像表弟這樣隱瞞女方，結果女方不能原諒，生下孩子就帶著孩子走了，一輩子怨恨他。（表弟的女兒，十歲發病，二十幾歲就過世了。）

我說孩子假如知道了，他還有機會交異性朋友嗎？欺騙對方，他們做不到，告訴對方，結果一定是把對方嚇跑的。唯一讓他們有公平與異性交往機會的就是他們真的不知道真相，他們才能自然的與人交往。母親說：「這樣對對方不公平！」我說：「你不是常告訴我『天下沒有真正公平的事』嗎？這是因為這個病現在可以提早檢查出來，一般人誰能保證自己將來不會得腦中風、癌症或者出意外呢？」

母親從舅舅和表哥、表弟身上，看到小腦萎縮症逐漸惡化的病程，看過表弟皮包骨、壓瘡、四肢攣縮、插著鼻胃管、無法言語的慘狀。主動和我討論起安樂死的問題，這一點我們很早就有共識。我們都認為假如身染重病，活著只是受罪的話，不要勉強救治，延長痛苦。我知道短期內台灣還不會通過安樂死，她希望我要謹記這一點，在必要時幫助她解脫！我是她三名子女中唯一的醫師，她把此願望寄託在我身上。

我反問她，疾病進展到什麼情況就是她所謂沒有必要活的時候呢？她說：「坐輪椅，不能照顧家人的生活，還要別人來照顧自己的時候！」我一聽，這可嚴重了，照這個標準，這世上不是有太多人不值得活了嗎？我們復健科的病人有多少人是終身坐輪椅的啊！趕忙安慰她，這個病年紀越大發病，惡化得越慢，她將來就像一般老人慢慢變得比較不方便而已，不要想這麼多！

這是安慰她的話，她從舅舅、表哥、表弟身上已經知道自己的未來：走路越來越不穩，繼而雙手不協調、吞嚥困難、講話口齒不清，最終坐也坐不穩，僅能臥床、靠鼻胃管進食。我絕對不忍心讓她走到最後的地步！

向先生轉述我與母親談話的內容，提起假如我得了這個病而嚴重癱瘓時，我也希望能夠早日解脫，不要痛苦而沒有尊嚴的活著。並交代先生，如果我先走了，有機會的話，他要再婚。先生急著說：「妳千萬不要做傻事，要做什麼決定的時候，一定要告訴我。我會一直陪著妳、照顧妳，若沒有妳在身旁，我只想一個人安靜的過生活，我對生活的要求很簡單。」

擔任復健科醫師多年，我照顧過許多嚴重失能的病友，早期常有病人尋死，或者關在家裡走不出來。以脊髓損傷者來說，現在多數病人都很快就能克服心障和身障回歸職場、回歸社會，心中對他們是由衷的欽佩。想了又想，自己豈能這麼軟弱，我告訴先生不要太擔心，我最近想了很多，在看到美麗的事物、聽音樂、閱讀的時候，還是可以感受到生命的美好，只要還能看、能聽、能閱讀，我想人生就值得活吧！

剛考上醫學系的大兒子，提到最近走路竟然撞到門好幾次，想起書上說早期症狀之一就是走路很容易碰到人或者撞到牆。夜裡輾轉反側想著，假如有小腦萎縮症平衡感不好，大兒子將來能當什麼科的醫師呢？讀國中的小兒子，也覺得滿腹狐疑，爸爸媽媽怎麼常常看到他進來，就停止了原先的話題，還要求他和哥哥做一些奇怪的動作（平衡測試），媽媽也在爸爸面前做過。

所有的事情都和原來沒有兩樣，但是我們夫妻倆的心境已經完全不同，覺得以往那種純粹的快樂好像再也喚不回來了！甚至覺得連好朋友也不想聯絡了，我怎麼能告訴朋友這些事、這些壓力，如果不能說，又怎麼能粉飾太平、戴著面具面對她們！我大哭了一場後，終於體會到：這個未知的煎熬，簡直如同自己已經得了病一般。那麼我不如去做檢查，還有一半的機會，若沒有得病，大家就得到解放了；萬一得病，也不過就是像現在的心情。

母親打電話來，說卜卦的師父告訴她，她只是老化，她將來不是因為家族遺傳的這個病而死的。她想安慰我，讓我不要太操心，因為師父告訴她：「你大女兒的壓力比你還大！」讓她擔心不已。我告訴她，我已經抽血檢查了，最近結果就快出來了！

我不希望這件事在自己工作的醫院曝光，所以請開業的先生幫忙抽血檢查。等待結果的那幾週，日子真的好煎熬。先生打電話到醫院來告訴我結果是「陰性」的那一刻，我高興得想告訴身邊所有人這個好消息！真是謝天謝地！趕忙撥了電話給母親，她說心中的六塊石頭，放下了三塊（我與兩個兒子），還有三塊！

事後先生告訴我，假使檢查結果是「陽性」的，他也會告訴我是「陰性」。我嚇得問他，到底我是陰性還是陽性？他說：當然是陰性的呀！假如我是陽性，他可能會偷偷幫兒子們抽血，但是不告訴他們結果。

我們覺得以前傻傻不知情的日子多麼單純、快樂，因此仍然不打算告訴弟弟、妹妹。但是我希望知道外甥有沒有帶基因，沒有當然最好，若有也不要告訴他，他的配偶懷孕早期我們會以產前檢查為名，幫忙做基因篩檢。

先生利用外甥來台中小住時，偽稱幫他抽血做生化檢查，實則是要驗小腦萎縮的基因。再度感謝老天爺，外甥的檢查結果也是陰性。這樣可以推斷妹妹有很高的機率沒有這基因。

我覺得既然第三代都很幸運的逃過一劫，已經中年的弟弟、妹妹，應該沒有必要接受檢查。母親仍然希望弟妹都去檢查，我想這是她身為人母的壓力，她一定覺得要所有子嗣都沒有得到遺傳，她才能完全去除這罪惡感吧！我分析我的想法給母親聽，並希望她完全摒除罪惡感，就像她絕不會怪罪外婆一樣，我們也絕對不會怪罪她。她不再堅持要告訴弟弟和妹妹。

幾個月以後，母親告訴我其實妹妹許多年來心裡一直被這個遺傳疾病的陰影所困擾，最近在媒體看到這疾病的報導，她詢問母親為什麼不去做檢查？到了這個地步，我們把真相都告訴了她，我以為她知道獨生子沒有帶這種基因，就可以放心，沒有必要再做檢查了。沒想到，她堅持要做，想到自己未做檢查之前的心情，好像沒有理由反對妹妹做。幸運的是，妹妹檢查結果也是陰性，母親和妹妹都大大的鬆了口氣。

最後知道實情的弟弟，他只擔憂親愛的媽媽，對他自己的事則完全沒有置評。母親建議他去檢查，他不為所動，他說眼前的事情都忙不完了，哪有時間去擔心以後的事？弟弟沒有兒女，我和先生也勸母親不要再要求弟弟去做檢查了，難得他看得開，何必預知未來，給自己找麻煩呢？人生有把握的只有現在，何苦拿未來的事情驚嚇現在的自己呢！弔詭的是，我自己當初可沒有辦法這麼想得開。

雖然這一路驚濤駭浪，最後有驚無險，然而我和先生兩人對人生的看法都有了很大的轉變。感到人類的渺小，生命裡無所謂理所當然，人生要珍惜、要付出！即使如此，我們無法想像，假如檢查結果都是陽性，我們現在會是什麼心情在過生活？

這整個基因篩檢的過程，由於身為醫師的關係，我運用了體制外的資源，依照我們夫妻認為對家人最好的方式來進行。從醫療人員的角度我曾對遺傳諮商的規範深信不疑，經歷此事件，才發現身為當事人時，有完全不同的感受和看法。目前的規定是不幫未成年者鑑定，成年人一定要本人才能要求檢測，本人才能得知結果。胎兒可以接受檢測，需要時依優生保健法可以人工流產。有些已開發國家，認為此疾病中年才發病，反對墮胎。

在我等待基因檢測結果的時候，接到朱穗萍女士的電話，提到她與家人和一些小腦萎縮症病友、家屬將成立「中華小腦萎縮症病友協會」，邀請我擔任顧問醫師。經她說明，我才想起十年前報紙曾經刊登我談論小腦萎縮症的新聞。朱小姐閱報後來電詢問：「我的家族有類似情況，此病目前是否有治療的方法？」我回答她：「還沒有特效藥，做復健可以延緩病情惡化。」

她提到她母親多年前因為肢體癱瘓臥病數年後自殺，幾年後她的六位弟弟、妹妹相繼發病，有兩位先後被她接到家中自行照顧，非常辛苦。我在電話中提起脊髓損傷病友協會對病友以及家屬有很大的幫忙。沒想到她竟把成立病友協會當成人生目標，在十年後實現了她的願望。我真是太欽佩她了，也很驚訝十年前的一通電話，牽起這樣的因緣，自己的親人也從協會得到幫助。

二〇〇一年三月在台北舉辦病友協會第一次會員大會，我沒有得病的一位表姊擔任理事；大表哥的兒子、女兒是會員，二表哥的女兒才十三歲步態不穩由表嫂攙扶著出席，心中百感交集。我以顧問醫師的身分參加，多數人不知道我同時也是沒有得病的家屬。致詞時，我強調不要把小腦萎縮症視為絕症，這疾病只是小腦老化得比一般人快，利用復健可以延緩疾病的惡化，就像適當的養生及運動可以預防老化是同樣的道理。

之後，我工作的復健醫院照顧了不少小腦萎縮症的病友。因為罹病而運動不足的病友，可以在復健之後得到些許的進步，重要的是之後要在家中持續復健。不過病情還是會慢慢惡化，有些病友需再度來院復健，學習因為病情惡化而需要改變的運動方式和輔具處方。醫院的治療師們也經常到協會演講，並幫忙協會製作了衛教的手冊。

我的母親倒是從來沒有到復健科接受過治療。她從四十八歲開始學瑜珈以來，每天運動的時間超過兩小時。我推斷持之以恆的規律運動，延緩了她發病的時間，也能減緩病情的惡化。

註1－脊髓小腦萎縮症是因為基因的DNA多出來一段，製造出正常人所沒有的蛋白質。這種蛋白質沉積在小腦的神經細胞裡，使之提早死亡。多出來的DNA越長，製造越大量的蛋白質，破壞力越強，發病的年齡就越早，疾病惡化的速度也越快。

註2－沒有得病的家屬常出現一種倖存者罪惡感（survivor guilt），會有強烈的責任感想要照顧得病者。例如此文中的朱大姊、我表姊。

第二章

坎坷人生孤女淚

母親出生在一個赤貧的佃農之家，那個時代沒有兒童權利也沒有女權。從小，母親反覆告訴我們三姊弟她的人生故事，訴說是一種支撐她奮鬥的力量。母親提供她的人生作為對比，讓我們知道自己擁有的比她多太多，不應抱怨，要珍惜、把握學習機會，好好做人。我結婚以後，母親向我傾訴父親對她的壓迫與控制，一再提醒我要珍惜先生對我的疼惜、尊重與包容。

母親是一個擅長說故事的人，很有臨場感，就來聽聽她的口述人生吧！（外孫訪談記錄）

母親的自述

我一九三八年出生在宜蘭五結鄉下福村。媽媽一共生十個小孩，老大、老三男的，八個女兒，我是倒數第二個。我四歲的時候，媽媽生下最小的女兒後，胎盤沒有下來，臍帶被助產士拉斷，胎盤留在子宮。傍晚生完，媽媽坐在椅子上想把胎盤排出，很不幸沒有成功，隔天清晨就走了。沒多久妹妹也走了。媽媽過世以前，我只吃媽媽餵我的東西，大家都擔心媽媽走了，我要餓死了。

當時養女風氣很盛（女兒養不起，送給別人養，長大了當兒子的媳婦，那叫童養媳），我們家只有老四跟我沒有被送出去，留下來照顧父親，其他的五個姊姊都送去給別人當養女了。養女的命有的好有的不好，壞的比較多，像我大姊，常吃酸掉的飯。

我跟我爸爸從沒講過話，走在路上碰到，叫他一聲爸爸，他會應一聲，然後繼續各走各的，好像陌生人一樣。老四被罵得最兇，管雞管鴨，丟掉一隻會被罵得很慘。童養媳姊姊（本來要作老三的太太）管養豬就還好，豬不會亂跑。她很會做事，不會挨罵。小時候沒我的事，都在玩，只是窮而已。

但有件事情讓我非常痛苦，我八歲開始蛀牙，沒有錢看牙醫。每有蛀牙，沒日沒夜的痛，痛到睡不著，要等到整顆牙齒的神經都死了，才不痛。

我把大我十一歲的養姊當媽媽一樣，她走到哪我跟到哪。過年有殺雞鴨，她會偷偷拿睪丸、雞蛋給我吃，還叫我趕快吃不要被別人看到，因為大哥有個小我三歲的兒子，輪不到我吃。小學六年級時，養姊要結婚了，別人擔心的問我：「姊姊不在，你以後怎麼辦？」（老四更早一點也嫁掉了）。

我爸爸是個沒有讀過書的農夫，很聰明，記憶力很好，但是脾氣很壞。老三在六歲的時候，有一天晚上哭鬧，我爸打他，說：「我們附近有個老阿杯，病很久都還不死，你怎麼不去替他死啊！」結果很奇怪，隔天早上兩個都死了。

大嫂對我很不好，我初中很愛念書，一直被罵，說家事都做不好念什麼書，還罵說：「查某人放尿漩袂上壁。」我一直在想，小便尿到牆上有什麼用？大哥的兒子沒有我那麼愛讀書，我爸爸罵說：「豬不肥，肥到狗。」

我功課很好，但是家裡窮，被老師和同學看不起，因為我的便當只有醬油韮菜配白飯，蒸過以後味道很難聞。有一次大嫂生病，大哥幫我準備便當，中午打開便當一看，裡面有顆荷包蛋，當時覺得：「天下怎麼有這麼好吃的東西呀！」那美味一輩子都不會忘記。老師最疼一個家裡很有錢的女同學，那個同學功課比我差，後來念師範，當老師，退休後領月退俸，可惜我沒那個命。

羅東中學初中畢業，我成績好，可以直升高中部，但沒有錢，所以想都不敢想。打算考師範學校，不必繳學費，讀三年就可以當老師。考試要繳十塊錢，還要買車票，想跟姊姊借五十塊不敢講，以前膽子很小，不敢問，後來沒有去考。

我對做衣服很有興趣，跟爸爸說：我照樣會洗衣、煮飯、餵豬，希望可以去學洋裁，他都不肯。餵豬一年後，去考師範學校，這時已經跟我的國小老師交往。師範有考上，但成績單寄到老師家，被他藏起來沒跟我說，報到前一天晚上才給我看成績單。報到要帶一條棉被，一個漱口杯，一個臉盆，四套內衣。因為沒有棉被，根本來不及準備，只好放棄了。我到年紀很大才想通，他應該是故意的。他知道我若去念了師範學校，一定不會嫁給他。

十七歲和小學老師結婚，第二年生下大女兒。他是招贅，來我們家和爸爸住一起。

結婚那天沒有在飯館，是自己一早起來殺雞鴨的（然後叫外面的人來煮），大部分東西也都是自己準備的。那時候送禮五、六塊錢，就在家裡請客，也沒有穿什麼新娘服，第二天才去羅東相館拍結婚照。

結婚、生老大後，和先生去羅東看電影。以前很奇怪，出門穿著高跟鞋（當時外出好看的只有一雙鞋，就是結婚時穿的那雙）。我抱著女兒手酸、腳痛得要命，先生都不幫忙，第一次知道：唉！嫁錯人了。

從小很愛看歌仔戲，有野台戲就去看，結婚以後還是一樣，天天去那邊站著看。小孩吃完奶會睡四個鐘頭，我就自己去看戲，鄰居說這樣很危險，我不以為意。我去看戲，先生在學校打牌也不在家，女兒如果哭就只有一個人，拚命踢床板，踢到兩邊腳跟都紅了。因為家事多到做不完，女兒整天都放在嬰兒藤椅裡，隔壁的太太常跟我開玩笑：「以後我要跟你女兒講，不要叫你媽媽，要叫那個藤椅媽媽。」

當時還要餵母豬蕃薯葉，餵小豬蕃薯籤，要剁豬菜、切蕃薯，要煮，還整天被罵；先生只要上班跟打牌（打百分、橋牌）。爸爸、先生、小孩一家子都要我顧。有一次，我爸爸去看我洗衣服，罵我怎麼洗得這麼慢，我說割稻的衣服很難洗，他氣得在整個村子裡到處罵我。那次以後，他罵我，我都不敢回話，結果他說：「我們家那個是死人。」

先生跟爸爸感情不好，互相不講話，兩邊都傳話要我去要求對方這個、那個，我哪裡敢？結果我被兩邊罵，像「石磨心」一樣。後來我們搬出來住學校宿舍，爸爸家裡有我養的豬和雞，我已經懷孕六個月，想分隻雞產後可以補身體，也不敢講。華人坐月子要燉雞酒，我一塊雞肉都沒吃到，吃三層豬肉。

二女兒出生那年的暑假，請先生幫忙帶兩個女兒，我去學洋裁，上課中間要回來餵奶。課程共兩個月，之後練習做衣服給孩子穿。兩年後生完小兒子，開始幫客人做衣服。客人從裁縫書裡挑喜歡的樣式，我一邊洗衣服，一邊在腦筋裡畫圖，想好衣服怎麼裁。那時候做一件衣服收五塊工錢，裙子兩塊，布是對方的。先生那時候集郵，買一張郵票也五塊，想到就有氣。

我做裁縫之前家裡很窮，衣褲都破洞。三個小孩一天到晚吃麵疙瘩，那時候政府會配給教職員油跟麵粉，有時候我先生會炸芝麻餅、煎蔥油餅，算是打牙祭。衣服越做越進步，收費比別人便宜，客人很多。多的時候四尺寬六尺高的櫃子，滿滿都是布料，生意最好時有叫三個人來幫忙做。我把賺來的錢拿去跟會，才有錢養小孩，讓三個小孩讀書。

先生的薪水都自己花，他興趣很多，每片新電影都自己去看，買相機、樂器、唱盤、錄音機，還一個人從羅東搭火車去台北牯嶺街買郵票、古鈔、錢幣。愛國獎卷一千七百多期，他每一期都買，不是為了中獎，是要蒐集。他作老師的人，應該很注重讀書才對，時常叫我不要做衣服，把房子整理得乾乾淨淨漂漂亮亮、煮飯就好。我問他，啊我不做衣服小孩沒有錢讀書怎麼辦，他說沒有錢就不要念。我是很愛念書沒有錢，無論怎麼樣一定要給小孩念書。他從來沒有買過一本書給小孩，很奇怪，都只買自己喜歡的。

先生像暴君一樣，什麼都要管，追我的時候，說我是仙女下凡，結婚後吵架，罵我是老巫婆。最可怕的一句是罵我比共產黨還壞，因為他最討厭共產黨。他去中國探親回來和一個中國女人搞曖昧，總是趁我出門打長途電話，電話費一個月幾萬塊。我質疑他，他說我比共產黨還壞，還管他的思想，我不該管他心裡想誰。他很多歪理，我每次都講不過他。

從小被爸爸罵不會做家事，出嫁後被先生罵笨得像頭牛，自卑感很重，走路都低著頭，不敢看人。朋友開我玩笑：「啊地上是有金子喔！」覺得自己的眼睛長不對，鼻子也長不對，不敢照鏡子！三十七歲那年大女兒考上台大醫學系，小兒子考上建國中學，才不再低著頭走路，在路上也敢跟人打招呼了。

四十二歲那年，先生退休在家，動不動發脾氣、摔東西，那段時間非常難捱。有次看電視節目，歌星方文琳在節目中找小時候暗戀的對象，先生說都已經結婚的女人不能這樣。我說那你跟小鳳咧（先生暗戀的女同事），他就氣得在地上打滾，要我跟他道歉才肯起來。後來去國泰人壽做保險員，自作主張幫二女兒、女婿買保險，小兒子分析這樣不划算，被他知道，氣極了。罵說：「嫁出去的女兒是別人家的人，你這樣是胳臂往外彎！」作勢要跳樓，小兒子被逼只好下跪道歉。

只要先生不找我麻煩，我就可以快樂過日子。每天早上都要考慮，哪一句話能講，哪一句話不能講。他每隔一段時間就鬧情緒，不是在地上打滾，就是嚷嚷著要跳樓。有一次又說要跳樓，我實在被他煩死了，覺得活著真沒意思，就說：「那要跳一起跳。」他回說：「不要這樣嘛！」勸我不要跳。隔一個多月又來了，我說：「我來跳樓，你隨便！」他嚇到了，勸我說：「啊，不要這樣，不要這樣。」後來就沒有再發生了。我當時是氣得真想跳下去，也沒有想到可以治好他這個毛病。

四十八歲那年在電視上看到瑜珈，不敢出去學，自己在家看電視練習，練了一段時間筋骨沒有那麼硬了才報名去學，進步很快，當老師的助教。還到紅十字會做志工，擔任瑜珈老師。沒有去紅十字會以後，每天去公園做瑜珈，很多人來跟我學。

幸虧有去學瑜珈，以前我每年感冒四、五次，每天做瑜珈以後，很少感冒。

小兒子去美國念博士，我五十三歲那年畢業回台灣，在台大教書。他每個月給我兩萬塊生活費，我開始計畫退休，不收新的客人，慢慢就不做衣服了。生活有了空閒，我去學做拼布，作品多半送人。家裡剩布很多，也可以做衣服送給親友。

有一個練瑜珈的朋友在做股票，為了訓練膽子，我請她帶我做股票。幾十年來只在家裡做裁縫，銀行不敢去，股票市場也不敢去。第一次去辦手續，要寫申請書，手拿著筆一直抖，連自己的名字都不會寫。剛開始連電話都不敢打，後來才比較有信心。我做股票有三大原則：生活費用不能拿去買股票，不借錢買股票，賠錢不賣，領股息。結果賺了些錢，每年捐給弱勢團體和賑災。大女兒笑說，別人做股票都賠錢，因為我自己沒花賺來的錢，還捐錢，所以菩薩保佑我賺錢，我就去廟裡當志工。

先生一九七八年十月從板橋國中退休。我勸他不要通通退，留一半領月退俸，他就不要。退休金一次領，利息十八趴，一個月領一萬一，那時候的薪水一萬二。一九八〇年二月發布一次調薪百分之二十（那次是公教人員的第一次大調薪），以後每年都調百分之三。一九九二年調薪後，算一算領月退的話，月退俸已經調高百分之五十，他還是領一萬一，覺得政府很不公平。我看是命中註定，家裡沒有任何人怪他，他卻為了此事天天生氣，又逞強跟年輕老師打乒乓球打得太激烈，比賽中就腦出血中風了。

中風以後恢復到可以拿枴杖走路，剛開始還可以去圓通寺健行，後來每天看報紙、聽收音機找偏方，什麼都試、尿也喝過了，還抱怨大女兒是醫師也不好好研究怎麼治好中風。每天起床就是坐在客廳，除了看病都不出門。我的日子就更難過了，要照顧他，還要被唸，動不動就說：「你惹我生氣，不怕我再度中風嗎？」我出門都要交代清楚，慢一點回來，就要被唸，說他很愛我，不知道他會擔心嗎？

這輩子最後悔的事情就是嫁給我先生，被他騙去，但是從來沒有想過離婚，我們那個時代沒有人離婚。離婚了，三個小孩怎麼辦？我是養得起啊，但我哪有監護權，監護權以前自然都是判給男方，三個小孩給我先生養，不是完蛋？

做衣服就忙死了，我從來不會陪小孩玩。我管小孩很嚴，怕小時候沒管好，長大學壞就來不及了。男人打小孩下手太重，所以主要是我負責打小孩。我很忙，一邊做衣服一邊問他們功課，小學的時候才有在管，中學以後都自己念。還好，大女兒和小兒子很會念書，都在大學當教授。二女兒跟我學裁縫，很有天分，也很認真，是服裝界有名的打板師，薪水和大學教授不相上下，就當作她是服裝界的教授吧！她國中畢業就開始幫我做衣服、做家事，連零用錢都沒有，所以現在我盡量幫忙她。三姊弟很孝順又團結，會互相照顧，這點我很安慰！

註1　以前不懂，現在看母親的人生，會想起「家庭創傷」和「情緒勒索」兩個流行的專有名詞。外公對待母親的方式，忽視、冷漠、責罵、貶低是基調，沒有讚美、沒有支持、沒有陪伴，當然也沒有愛。造就了母親自卑、急性子、求完美的焦慮性格，也養成她勤勞、堅毅、忍辱負重的習慣。過去用「一哭、二鬧、三上吊」來形容某些人的「情緒勒索」手段，我父親用發脾氣、地上打滾、跳樓這些行為來吸引母親的注意力，母親只能以順服、道歉來緩解父親的情緒。父親一再跨越界線，母親一再的退讓，形成一個周而復始的惡性循環。結縭五十八載，帶給母親難以化解的怨懟、恐懼與傷害。

第三章

愛要及時，牽手旅遊

母親在三個子女完成學業以後退休，享了幾年清福，除了練瑜珈、拼布、做股票以外，與朋友或姊妹在國內外旅遊，是她人生中最美好、愉快的回憶了。她陪父親回去中國老家一次，之後和朋友參加旅行團到過中國、日本、歐洲等國。幾本相簿裡，留下母親笑得燦爛的美麗身影。有如被釋放的籠中鳥，自由自在悠遊於自然美景與異國情調之中，與女性親友一同歡笑。

一九九〇年我帶著九歲和四歲的兒子到美國進修，她和父親陪我在美國加州住了半年。父親幫忙接送小孩上下學，負責指導長子台灣小學三年級的功課。母親忙於家務，照顧一家老小。印象中那半年日子過得平順，週間我去醫院，假日我開車帶著父母和兩個孩子到處旅遊，兩個小孩不吵鬧、不打架，父親也很少鬧情緒，且全家人都沒有感冒過。雖然先生沒有一起去，我自覺大家過著神仙似的生活。

可惜好景不常，父親身心不適，只好提前回台灣，留我一個人去紐約半年繼續進修。回想起來，是母親、我和孩子們過得很愉快，父親很寂寞吧！

一九九二年父親中風以後，母親出國頻率就減少了。父親剛退休那幾年，情緒鬧得兇，後來稍微好轉。中風以後，又多了「你們不怕我再中風嗎？」這個情緒勒索的新藉口，連我都親耳聽過。母女的長途電話中，聽到越來越多的抱怨，我與父親的隔閡越來越深。

母親發病後我們覺得一定要告訴父親，希望父親因此對母親好一點。不過父親還是專注於尋求偏方，期待自己的中風可以完全痊癒，對母親的病未曾聞問。母親的病是緩慢惡化的，一時也感受不到。父親自然還是那個發號施令、使喚母親的「大老爺」。

我和先生熱愛旅行，去美國進修回來以後，每年出國兩三次。去歐美國家我花很多時間參觀美術館，且天數比較長，所以沒有帶母親去過。偶然會帶母親去日本看風景。二〇〇一年二月母親出現小腦萎縮症狀，我驚覺她能好好走路的時間沒有幾年了，檢查報告還沒出來就預訂了六月份的阿拉斯加遊輪之旅，想說如果得病，算是及時行樂，假如結果是陰性，則是歡喜慶祝。

這是第一次我帶她到日本以外的國家作較長途的旅行。那次旅程十三天，她和一位企業家老闆的媽媽同住，兩個人相處愉快。她很佩服老太太身體健朗，樂觀和氣。老太太看母親很有毅力，每天在房間裡面做瑜珈，也很欣賞。當時，外人看不出來她有何異樣。其實她走路兩腳開開，也不似從前健步如飛，上下樓梯一定扶著扶手。我年輕時曾經在樓梯跌跤，也是一樣走樓梯都習慣扶著。

參加這種搭遊輪、火車為主的旅行團，需要走遠路的機會不多，也沒有走山路的需要，基本上她都能克服。我們知道她平衡感不好，偶有路滑或路面顛簸的時候，我會和她手勾著手走路。遊輪上的奢華餐飲她覺得好浪費，整個行程風景如畫，加上冰河、冰山難得一見，她玩得很開心。如今看到母女笑盈盈的合照，感覺很安慰。

母親出國期間，雖然弟弟每天晚上會回家睡覺，白天只有父親一人在家，三餐要請弟弟或拜託鄰居幫忙送便當。她不喜歡麻煩人家，加上父親老是叨唸著他讓母親出國是多大的恩惠，所以她也不常答應我出國旅遊的邀約。還好妹妹住台北，每週都會去探視。妹婿開計程車，多次載母親去探視她姊姊及親友，或者在國內短期旅遊。

二〇〇四年秋天我和先生參加日本東北攝影團，約了母親同行，她沒有見過日本的秋景。這次她手拄著枴杖走路。攝影團都是搭車到一個定點，停留很長時間拍照，我想她可以悠閒的看風景，不用走太多路。有一天拍奧入瀨溪，我們沿著溪邊的步道往下游走，從上午拍到下午走了幾公里路，我忙著拍照，忘了關注她。她不喜歡麻煩別人，不知道忍耐了多久，才告訴我她站得腿好酸（步道上沒有椅子）。現在看照片，溪邊的小路並不好走，我真是粗心大意呀！

第二天，我們到十和田湖，竟然下起雪來了，滿山遍野的紅葉上面覆蓋著薄薄的白雪，大家好興奮，她也快樂得像個孩兒，拍了好多紀念照。母親大我十七歲，規律運動，身體好、不顯老，照片裡我們看起來像姊妹一樣。

母親特別愛花，到日本賞櫻距離近、風景又好，況且我和先生已經熟門熟路了。二〇〇七年我們夫妻和母親、妹妹四個人自助到京都、奈良、大阪賞櫻。我愛拍照，妹妹權充母親的枴杖，多半時候幫忙攙扶著媽媽。

先生幫忙拍了好多母女合照，笑得燦爛的三人像三姊妹似的。老天賞臉，時間抓得剛剛好，到處櫻花盛開。京都不大，我們以計程車當交通工具，方便極了，又省時間，幾乎著名的景點都去了。回程前一天剛好趕上大阪造幣局開放，同時看到一百多種櫻花，是她從沒有過的經驗，玩得很開心！出國旅遊回來，我都會挑選精華照片洗出來，做一本相簿送她。

二〇〇八年，母親發病第八年，我們參加旅行團去荷蘭看鬱金香，先生沒有同行。母親知道我不可靠，我也有自知之明，仍舊邀請妹妹陪同，我負責拍照。這次妹妹一路攙扶，兩個人像連體嬰一樣，她緊抓著妹妹的手臂行走。

有一次她自己扶著扶手下樓梯，最後一階沒看到，整個人直直往前趴，「碰」好大一聲，把大家都嚇著了。小腦萎縮症者平衡感不好，她連跌倒的應變反應都沒有，所以沒有跌斷手，也沒有大腿骨折。這種跌法，最可能撞斷門牙，幸虧運氣好，她哪裡都沒傷到。妹妹因此更不敢放開她了。後來妹妹告訴我，她的手臂被抓得好痛，可見平衡感不好的人，走起路來全身都在緊張狀態，非常消耗能量。

這次十天的荷蘭之旅，母親和妹妹都覺得好累。隨著行動越來越不方便，母親對旅遊的興致沒有那麼高了，這次荷蘭之旅竟成為母親最後一次出國旅遊。

阿姨們都知道我常常出國玩，跟我媽說：「你要是沒有得這個病，跟著小鶯環遊世界，不知道有多好命啊！」說起來真慚愧，她生病以前，我和先生到處旅行，並沒有常常邀她去。這麼說，還好她不是得心臟病或中風，突然就離開，否則更要遺憾了。

註1—時常回家陪伴長輩很重要，不過有時難免流於反覆抱怨日常瑣事。旅行可以暫離平日的喧囂，逍遙於山明水秀，活在當下。而且會留下許多美景與儷人照片，讓人回味無窮。帶著行動不便的長輩旅行，自助旅行是最好的方式，衡量體力，隨時可以啟程或休息，上廁所不會造成困擾。可以找定點作深度旅遊，不需長途搭車，短距離搭計程車很方便，老人行動能力不是太差的話，巴士、捷運也可以搭乘。郵輪也是很好的選擇，船上有各種活動，下船的行程有彈性，也不必走太遠。母親過世後，想念母親的時候，翻出我們陪她旅行的照片，最能貼近感受到她的氣息。

第四章

自行復健，積極生活

「復健」源自於英文「rehabilitation」（make able again），意思就是讓因為疾病或傷害而失能的人（disabled, handicapped），可以經由各種訓練和輔助器具的應用而重新得到該能力。譬如中風病人一手一腳無力，無法自行吃飯、走路，訓練輕癱的手腳而得到長足的進步，可以重新學會用原來的慣用手吃飯，獨立行走。但是如果嚴重癱瘓，進步有限，則必須改用好手來吃飯，需要拿枴杖才能緩慢行走。基本上，中風是發病的時候最嚴重，之後腦部消腫、血塊消失，多少都有神經的部分復原，因此復健以後，通常會有明顯的進步（除非是智能太差）。

小腦萎縮症是一種小腦神經細胞進行

性退化的疾病，病情只會逐漸惡化，復健有效嗎？

失智症、巴金森氏症、漸凍人（運動神經元疾病）也都是中樞神經逐漸退化的疾病，病人除了服用藥物控制部分症狀以外，復健是有幫助的。首先，對任何健康的人來說，都需要適度規律運動才能促進健康，維持肌力、柔軟度、平衡感、心肺耐力和免疫力。有退化性疾病者，幾乎都運動量不足，更需要復健運動，否則各項功能退化得更快。因為行動不便，能從事的運動項目受到限制，可能需要機器協助，需要專人指導適合他們的運動方法，必要時利用輔助器具可以提升他們的功能。復健也許不能延長他們的生命，卻可以延長身體功能在較佳狀態的期間，縮短死亡前臥床的時間。

母親確診的那個月，我開始擔任小腦萎縮病友協會顧問。我工作的中山復健醫院開啟了小腦萎縮復健這項新的業務。在這之前，小腦萎縮症的病友們散在各地，不知道原來還有很多同病相憐的人，也不知道得到這種病需要復健。病友們因為失能而失學、失業在家，因為自卑感不願意出門，自然就運動不足、肌力不足，導致身體功能快速的退化，心情因此更低落。

一般人如果平常很少運動，突然發憤圖強規律運動，不但體力、免疫力、睡眠改善，有些人連三高（高血壓、高血糖、高血脂）都可能不藥而癒。同樣的原理從來沒有接受過復健訓練、運動不足的小腦萎縮症病友，來復健醫院接受復健以後，都有明顯的進步。訓練項目包括加強肌力、柔軟度、平衡感、心肺耐力，很重要的是感到生活有目標、有希望，心情可以得到提升。不過出院回家後，一定要養成持續運動的習慣，否則很快就會退回原地。所以治療師一定會給功課，能夠持之以恆運動的，就能夠產生效果，減緩病情惡化。當病情惡化到另一個程度，需要再度復健，接受新的運動訓練或者輔具處方。

我的母親除了生孩子以外沒有住過醫院，平常也只看過牙科和眼科。她四十八歲規律做瑜珈以後，身體更加健朗。在神經科確診小腦萎縮症以後，除了去做殘障鑑定，沒有再去神經科追蹤。我沒建議她去做復健，因為我發現她每天做的運動量比去門診復健做的還多。瑜珈本身可以強化肌力、柔軟度、平衡感、心肺耐力，還有靜心、調息的功效。若發病以後才學瑜珈困難度很高，很幸運的她發病前已經學得很精，且多虧她很有毅力，學會了以後，毫不間斷每天做一個半小時左右。下雨天，就在家裡做，出門旅行，在旅館房間裡做。幸虧她早早養成規律運動習慣，顯然延緩了發病的時間，之後也靠著這個本錢，可以自行在家運動，不用舟車勞頓往返醫院復健。

確診小腦萎縮後，母親除了吩咐我疾病末期要幫助她解脫以外，她生活照常。買菜、煮飯、洗衣、打掃、照顧中風的先生（幫忙洗澡、更衣），樣樣自己來。每天清早在公園義務指導一群太太們做瑜珈。瑜珈做完，還可以在步道散步。上午空閒時間看股市行情，午睡過後看戲劇，也從電視裡學到一些烹飪、養生、環保的觀念。晚上八點看談話節目。沐浴前還聽著錄音帶做半個小時氣功。數十年如一日，毅力驚人。

有次媽媽帶我去卜卦，師父第一句話就說我這個人沒有人陪的話，不會去運動，我臉上三條線，這跟命運有什麼關係呀?!後來我才知道，能自動自發持之以恆規律的運動，是很大的優勢，強身又強心，真的會影響人的命運呀！

母親從小命不好，操勞慣了，個性獨立堅強，是個閒不下來的人。她做事情手腳俐落，忙完以上這些例行公事，她喜歡把家裡一些剩布（以前做衣服剩的，妹妹從服飾公司帶回來的）做成各種東西，例如衛生紙盒套子、椅背套、手提袋、隔熱手套、桌墊、腳踏墊等，送給親友或參加慈善義賣。有大塊布料時，就做衣服送給姊姊、鄰居、看護等。只要一進裁縫間，她就如魚得水，心情愉快，有成就感。

母親會去做股票完全出乎我意料之外。我沒有理財的天賦和興趣，自始自終覺得玩股票是一種賭博，又聽朋友說她們的博士、醫師先生輸掉幾千萬傷了夫妻感情；很擔心她把辛辛苦苦賺來的血汗錢賠掉了，所以一直反對她做股票。倒是我的長子認為老人家做股票是在動腦筋，生活比較不會枯燥，常常跟阿嬤聊股票。她沒去上課，也沒有買書看，只是看電視分析，聽理專人員建議，從中慢慢琢磨學習。在我看來，是土法煉鋼，不借錢玩股票，賠錢不賣，三十幾年下來，竟然資產多了個零。

她生活簡單，衣服是自己做的、菜市場一兩百元買的，或者我不穿的衣服改一改。不化妝、不戴首飾，除了運動很少出門，三餐以外，沒有什麼機會花錢。賺來的錢，存起來給子孫買房子。每年固定捐款給幾個弱勢團體，不管國內國外若有大災難，她至少都捐五萬元。一個退休老人，幾十年維持這樣的習慣，我覺得她很有善心，也很新潮。

她的另外一個優點是非常環保，所有的塑膠袋、紙袋盡量重複使用，可以回收的東西一定好好分類，請人來回收。能用的東西絕對不隨便丟棄，省水、省電更是不在話下。我大概得到她一半真傳，先生形容我環保到了神經質的地步。譬如我人在哪個房間，就只開那個房間的燈，先生是一路隨手開燈，喜歡滿室通明。我出房門發現，會唸他浪費電，現在修養比較好，不唸了，幫忙關掉就是。

勤儉、布施、環保是母親教給我們的美德。

她不像有些老人總是抱怨：孩子不孝，沒來陪她；或者錢不夠用，這裡不舒服、那裡不舒服等等。也很少因為得了小腦萎縮症而唉聲嘆氣，偶爾會擔心將來不會走路怎麼辦？最常抱怨的就是我父親對她的叨唸和控制。她不會要求我一定要多久打一次電話，或者回台北看她。有事情，她會自己打電話給我，通常都是兩個人一起數落我父親的不是，常常電話裡聊一兩個鐘頭。我和父親的關係因此變得越來越疏遠，她曾自責都是因為她常跟我抱怨父親造成的。我說：「沒關係，你不跟我說就沒人可說，憋在心裡更不好。」家醜不可外揚，我是長女，成了她吐苦水的主要對象，偶爾也當軍師，幫她出主意。經常勸她：「爸爸從小缺少愛，對愛的需求是個無底洞。他的要求，你做得到、願意做的你就做。做不到的，不要勉強。因為不管你做多少，對他而言，都是不夠，都是不及格。」先生在旁邊聽了，總是說：「你幹嘛火上加油，你爸爸也很可憐，把他當成病人看就好了。」其實認識爸爸幾十年了，怎麼會不知道媽媽受了什麼委屈？當然是附和媽媽，讓她說出來消消氣。

二〇〇八年我們去荷蘭旅遊，母親已感吃力，卻還是主持所有的家務（打掃有請人），獨自照顧中風的父親。

二〇〇九年五月我回娘家，母親說她用輪椅推著父親去台大醫院看病，中央走廊有上、下坡好難推呀，父親竟然抱怨她笨，連輪椅都推不好；我聽了心裡一肚子氣。進了客廳，父親加碼抱怨：「今天去台大醫院，結帳的時候算錯了，我有榮民身分，怎麼還需要付部分負擔？你媽媽辦事不靈光，沒有講清楚。」我說：「健保卡上有註記身分，應該是櫃台小姐沒有發現，人難免有疏忽的時候，不要怪媽媽啦！」

大概我表情僵硬、口氣不是很好，又從頭到尾幫母親說話。突然他瞪大雙眼說：「你大老遠跑回來，是故意回來跟我唱反調的嗎？」然後劈哩啪啦一大堆，連「以後我死了，你不用回來，你不用掉一滴眼淚！」都說出口了。我不知道如何反應，他繼續說：「你是不是恨我？」我說：「沒有，我只是遺憾！」回到台中，五十四歲的我把事情經過講給先生聽，抱著先生大哭一場。我的眼淚是什麼呢？自責對父親態度不夠好？我覺得委屈、憤怒？我同情媽媽？我真的恨我的父親？我覺得有一部分的心死了，寧願沒有知覺。

隔一個月，我要去台北開兩天的會，通常第一天晚上會住家裡。母親說：「你不要回來，你爸爸還在生你的氣，天天罵你。」唉！連累了我母親。後來我們約在中正紀念堂散步、聊天。她說起現在幫父親洗澡很辛苦，好怕跌倒，我們才討論起應該請看護幫忙。

三個月後看護來了，她不用跌跌撞撞的照顧父親，家事也有人分擔，唉！早該如此。走筆至此，一陣辛酸，母親確診後，竟然獨立照顧中風的父親九年多，我真是不孝，沒有早點發現母親的需求。

菲律賓籍的看護雖然中文不是很好，父親多了講話的對象，母親清靜多了。早晨看護會幫忙揹瑜珈墊到公園去，母親做瑜珈的時候讓她也運動運動。此時母親已經無法教別人了，都是自己一個人做。隨著病情惡化，後來改在公寓樓下有樹蔭的木板平台做，再後來只能在家裡做。每天早上起床先做一個半鐘頭瑜珈，才吃早飯。只要天氣好，下午就去公園扶著欄杆走路，然後做伸展運動，她自己看電視學會的。有幾次，我坐在平行欄杆旁看她運動，心裡很感恩大安森林公園裡有這種設施，讓行動不便的母親，有每天出來曬太陽、呼吸新鮮空氣、聽鳥叫、看松鼠、看花、看樹的機會。

有次，一位太太過來欄杆邊聊天，問她：「你是不是以前在那棵樹下做瑜珈，很會倒立的那位太太啊？」我母親說：「是啊！」對方很驚訝的說：「你發生什麼事情了啊？看起來很健康，怎麼要扶著欄杆走路？」母親告訴她小腦萎縮症的事情，對方說從來沒有聽過這種病，講了一些祝你早日康復的話，母親不勝唏噓。

母親個性獨立、不喜歡麻煩別人，就算是自己的子女也是如此。父親生日，總會提醒我記得包紅包，打電話給父親，或者聚餐幫父親祝壽。她的生日，我們經常忘掉，她一點也不介意，她說她天天都生日。幾乎不曾要求我額外給她生活費，或者陪她去哪裡玩。我在二〇一二年就退休了，如今想來自己應該多花點時間陪她的，應驗了「子欲養而親不待」的諺語。

註1｜母親在發病之前，早早學會瑜珈，存好健康的本錢，很有福氣。年輕時，我誤會瑜珈只是拉筋運動。後來我自己也學過一年瑜珈，方知瑜珈是身心靈平衡的綜合運動。看起來是在拉筋，但是需要足夠的肌力才能維持那些姿勢，所以肌力會進步，柔軟度更不用說了。同時搭配調息和靜心，可以促進自律神經系統的平衡。一個小時的瑜珈，也是會氣喘吁吁、滿身大汗，所以有排毒、提升心肺功能的功用。無法站立、行走以後，在墊子上仍然可以做瑜珈，只是動作需要做一些變通，以安全為原則。先決條件是需要有毅力，持之以恆，這點是我母親的強項。我深信她不間斷的運動延緩了發病時間，病情惡化得慢。可惜無法做瑜珈以後，就兵敗如山倒了。瑜珈以外，她還到公園走路，做體操、氣功，她常說：「能治百病的只有運動，吃多少健康食品都沒有用啦！」不但不吃健康食品，她只吃天然食物，各種人工食品都不吃。

第五章

父親往生，母獲自由

我的父親一九二〇年出生於中國河南省，親生父母不詳。四歲以前都與一位奶奶同睡，奶奶很疼他，他記得總是把腿跨在奶奶身上睡。四歲時，奶奶病重，他一直坐在旁邊陪伴，是他第一個發現奶奶斷氣的，奶奶走了！此後的記憶，就是他拿著比他身高高出許多的掃把掃地，墊著凳子幫忙家事，甚至燒水、煮飯。養母以外，家中只有一位養姊。政府開放探親以後，他急著回老家看看，養母已經不在，他質問養姊：「為什麼小時候你都不幫忙家事？為什麼不是你照顧我，反而是我煮飯給你們吃呢？」也許是這緣故，我們三姊弟不覺得父親的河南老家跟我們有什麼關係，也都沒有去過。

父親小學畢業後就獨自離家到都市的寄宿學校半工半讀。那是天主教辦的學校，他在附設醫院幫忙雜務，看到外國來的傳教士醫師遠赴中國濟世救人，仁醫仁術，非常景仰。覺得醫師是很了不起的工作，立下當醫師的志願。無奈生逢亂世，當了幾年流亡學生，之後參加中國十萬青年十萬軍，沒多久抗戰勝利，沒有打過日本鬼子，倒是和共產黨八路軍打了幾次仗。他會跟我們講打仗的故事，我特別有印象的是要躲在砲彈打過的坑洞裡，因為砲彈要剛好打在同一處，機率很低。八路軍的惡行也是他常講的故事。我到現在腦海裡都還記得他給我們看的小冊子，用漫畫方式描繪共產黨姦殺擄掠的畫面。

一九四九年他隨國民黨軍隊撤退來台，被安排在宜蘭縣五結鄉的利澤國小任教，教國文和歷史。他常說年輕時覺得老師是最沒有出息的工作，沒想到當了一輩子的教員。也常提到身無分文來到台灣，還未拿到教師薪水前，不願向人低頭，吃野菜為生的事。

父親的學歷是高中畢業，因為戰亂大概也沒有上過多少課，他來台時已經二十九歲，身分證上少了六歲。算起來他的生命中有十年消失了，去向不明，他也不願多說，應該是吃了不少苦吧！二〇〇九年齊邦媛出版《巨流河》，他邊看邊哭。我也看了書，去想像他所經歷的時代，但是不能明瞭，他們逃過了慘無人道的文化大革命，中國目前仍被專制的共產黨統治，為何他們竟然心向中國，無法接納他立足了數十年的台灣和台灣人。

小時候我很佩服爸爸，隔壁班的同學都說：「你爸爸好會講故事喔！」但是，他不常講故事給我們聽，颱風、停電的時候，他才講，混合成一種弔詭的記憶！學校的老師大概只有他買了攝影師等級的摩登相機，自己用三腳架幫家人拍照，他也買了錄音機幫我們錄音，家裡有收音機、唱盤，放著大陸的老歌、電影的黃梅調。他吹口琴吹得很棒，只看數字簡譜就立刻可以唱出或吹出正確的曲調。我最常聽他唱的是：「我的家在東北的松花江上，那裡有森林煤礦，還有那滿山遍野大豆高粱……」有一種淒涼、悲壯的味道。他喜歡閱讀，會寫文章，寫的一手好書法。說起來，他是有點才氣的人，可惜生不逢時。

在孩子心目中，他最了不起的是會烹飪，媽媽做裁縫很忙，有幾年他幫忙煮飯。印象中，連豆芽都可以炒得很可口。因為常常吃麵疙瘩，都吃怕了。他做蔥油餅、炸芝麻餅的整個過程，大概是有關父親的記憶中最美好的。三個孩子懷著興奮、期待的心情圍繞著餐桌看他像變魔術一般揉麵糰、擀麵、加蔥花、灑芝麻的過程歷歷在目，菱形的芝麻餅酥脆的感覺彷彿仍唇齒留香。

不過他是一個脾氣大、嚴厲的父親，每天訓斥我們三個小孩，從來沒有讚美過我們。我記得有次隔壁班同學跟我說：「你爸爸今天在課堂上稱讚你很會讀書耶！」我聽了超吃驚的，不敢相信。等到我成人，我判斷他是在炫耀自己的子女功課好，並不是真心的在讚美我們。

隨著年齡增加，我們離父親越來越遠，他偷看小孩的日記和信件，然後在全家人面前以他的角度來訓斥我們書寫的內容。我最叛逆，膽敢在日記裡寫：「爸爸疼妹妹，媽媽疼弟弟，沒有人疼我。沒有人疼就算了，我將來靠自己。」他大概是罵我沒有良心、不知好歹之類的，總之他把我的那頁日記撕下來，說等我自己當了媽媽再拿給我看。他過世以後，母親把那頁日記給了我，心裡百味雜陳。

他的零錢丟了，認定一定是我們偷的，我們三姊弟被逼得都寫悔過書，最後錢找到了，他卻不當回事。他一直留著我們寫的悔過書，時常拿出來看，說信紙上的童言童語好可愛，完全不承認他冤枉了我們。

每次搬家，搬大件家具時，如果母親在前，他會罵：「前面比較好搬，你怎麼都不懂得出力！」若是母親在後，他又罵：「後面比較輕鬆，你怎麼老搬不好！」

母親切菜如果傷到手，他會說母親怎麼這麼笨。他如果走路跌跤，他會得意的說，換成別人，一定跌斷腿了。簡單講，任何事情，他都可以罵別人，他永遠是對的。

等我結婚以後，母親陸陸續續告訴我，她在婚姻中所承受的壓力和屈辱。才知道母親為了怕小孩受驚嚇，從來不在我們面前與父親吵架，真的很生氣時，只會與父親冷戰。年輕時為了家計，兩個人都忙，衝突較少。等到我父親退休以後，小孩也都陸續離家，母親覺得與父親的相處越來越有壓力。

母親十七歲還不懂得什麼是愛情就結婚了，以為嫁給愛自己的人，應該是幸福的。然而父親因為從小受苦，當家作主後，反而成為一個自我中心的享樂主義者，把時間和金錢都花在他自己的興趣上。對母親的愛也表現在佔有和控制上，母親怕他，總是想辦法躲得遠遠的。對父親而言，可能造成相對的欲求不滿，脾氣更壞，而形成惡性循環。

因為父親的霸道，母親和我們三姊弟都極度的自卑，沒有自信，膽量小，在乎別人的眼光，覺得自己不夠好。我父親也是從小沒有得到過愛，卻是一位自我感覺良好，看不起妻兒的人。他常常說自己是天下最好的丈夫和父親，打著燈籠都找不到。

人家說癩痢頭的兒子是自己的好，他完全相反。我帶女同學回家，他很欣賞，同學回家後，我被罵得體無完膚，只記得說我「坐沒坐相，站沒站相，是空心衣架子」之類的。弟弟畢恆達從美國留學回來，母親常接到邀約弟弟去演講的電話，父親總是嗤之以鼻的說：「怎麼會有人請他演講啊？」有次看見弟弟在臉書分享：「從小怕講錯話被罵，總是先在腦中預演應該怎麼說才正確。既然在心中講過一遍，就不想說了。」我看了心有戚戚焉，弟弟在外演講口若懸河，在家中卻惜字如金，其來有自啊！

先生常說，我父親是極度的自卑、沒有安全感，所衍生出來的自我膨脹。他覺得我父親很可憐，因為童年受創所以有這些不好的習慣，造成家人不敢親近，希望我把父親當病人看，包容他的性格缺陷。最近我去上身心靈的成長課程，才知道如果我沒有向內看見自己的創傷，沒有把自己愛回來，就沒有力量去包容、諒解我的父親。可惜父親已經往生，來不及等我處理好我自己的創傷。

有次父親跟我說，我們家五個人都是好人，可惜感情淡薄。我說：「不會啊，我們感情很好呀！」他馬上伸出手來，大拇指分開，另外四指相連。我心中一時替他覺得悲涼，但也說不出假意安慰的話。

確實如此，我母親和三個孩子同一國，四個人都怕他，離他遠遠的。我回娘家總是跟他寒暄幾句，就趕快躲到母親的裁縫間聊天。弟弟出門被父親叫住的話，會乖乖站著聽他講話，很少答腔。妹妹每個星期回來，都會陪他聊個兩三個鐘頭，是三姊弟中最孝順的一個。母親形容：「你妹妹呀，你爸爸說那隻黑羊是白的，她一定說：對呀，那隻白羊！」但是父親還是抱怨三個孩子都不孝，太太又不親，他是個孤獨老頭！他說的也沒有錯，只是他不曉得，是他把我們推得遠遠的。

有次他嘆息，家裡沒有任何人可以跟他說知心話，我在心裡苦笑，什麼都沒說。在這個家，我們動則得咎，所有人唯他是聽，絕對不能持不同的看法，是要說什麼知心話？執筆的此刻，心中有著淡淡的憂傷，走過父親的一生，對他的恐懼與惱怒已經消失殆半，更多的是同情。

父親隻身來台，他這邊沒有任何親人，家裡沒有祖先牌位，不用燒香、拜拜，也不用掃墓、祭祖。所以沒有太多的傳統束縛，對生死之事，經常談論，也都看得很開。父親中風以後在客廳坐了二十年，早期還寫書法，後來僅剩下看電視和閱讀。《西藏生死書》、《與神對話》、《前世今生》等書他看得特別認真，整本書劃滿了紅線和眉批。讀到好書，是他晚年最大的樂事。弟弟對他的孝心，大概表現在幫他買書這件事上。也不知道他如何揣摩父親的興趣，大多數買回來的書父親都喜歡看。他一直信心滿滿，自己將會在睡夢中過世。母親聽了半信半疑，跟菩薩立下約定，如果真的如此，就把父親遺留的存款全捐給慈善機構。

二〇一二年十二月父親九十二歲，我大清早接到母親電話，說父親半夜不舒服，一直說他大限已到，就要走了。以前說過幾次，沒有成真，都沒通知我們。但這次看起來像是真的，要我們快回去看他。他前一日還和妹妹侃侃而談兩個小時，是自己吃的晚飯。我們猜想可能只是老人吃得少，有點脫水，去藥局買了點滴，打算幫他補充點水分。沒想到從藥局出來，還沒上車，就接到母親電話，說父親起來上廁所，覺得累，早飯也沒吃，又躺回去休息，沒幾分鐘就停止呼吸了，神態安詳。

還好，父親生前就交代過，不論發生什麼事情都不要叫救護車，不要送醫院，所以沒有受任何苦的離開了。要是半夜不舒服時就送急診，可以想像要受多少折騰啊！舟車勞頓不說，少不了打點滴、抽血、照X光。臨終的人非常敏感，躺在擔架床上被推來推去、上上下下，身上這裡綁、那裡戳的，會造成很大的痛苦。打點滴只是延長死亡的過程，反而有害。在醫院往生，要做到八個小時不移動，讓靈魂無罣礙的脫離毀壞的肉身，也不是容易的事情。

父親安詳的躺在自己床上，身上沒有任何的管路和傷口。我和妹妹在旁輪流誦唸〈心經〉八小時，助念父親跟著佛陀前往西方極樂世界。父親九十二高壽，他的離去，對家人而言，是一種自然的事，全家人都沒有落淚！母親還為此感到「見笑」（她說古禮是要嚎哭），我說現代不用演戲了，順其自然就好。數度痛哭失聲的是照顧他兩年多的外籍看護，台南人的妹婿從大門一路跪拜進來，一邊哭喊著：「爸爸，爸爸！」看得出來，兩人都是真情流露。父親對看護比對妻兒還好，捨不得她做事，講話溫柔呵護，給她大紅包當生日禮物。妹妹說：「我一輩子都沒有拿過爸爸給的生日禮物耶！」

當晚移靈到殯儀館，安放牌位，每日由工作人員幫忙上香、拜飯。弟弟有空時，會去親自上香。頭七在殯儀館由在家居士帶領我們上香、誦經。告別式當天，雖然只有我們家人（所有親友都沒有通知），還是設了小小的靈堂，用了不少鮮花，燒了好多金紙（這些，環保的母親都看在眼裡）。經過處理的遺照，看起來特別慈祥。我誠心的跟著誦經，希望他能平安好走，將來投胎到好家庭，不再受虐，可以有很多書可讀。

人說：「不見棺材，不落淚！」儀式最後瞻仰遺容，看到平靜沒有表情的嚴父，我聽到妹妹啜泣的聲音，我自己則眼睛熱熱的。接著到火化場，看著棺木進入焚化爐，居士要我們說：「爸爸，火來了，趕快跑，安心跟著佛陀走！」場面悲悽，不禁哽咽。父親的遺照，一併火化了，沒有人想在家中不時看見他，可見我們對他的畏懼有多深。

接著弟弟捧著骨灰，一行人直奔公立的樹葬場，視野遼闊、風景秀麗。大家幫父親挑了一個面向青山的好位置，一小紙包的骨灰，就埋在樹下。一年以後，塵歸土，將有別人的骨灰埋下。家裡不立牌位，子孫不必掃墓或者祭拜。父親的後事原則上都依照他生前的囑咐。

父親算是壽終正寢，母親依約將父親的存款領出，用三姊弟的名義捐款給弱勢團體，並發願若她也能睡夢中安詳離世，要捐雙倍的錢。

父親往生後第三天，我打電話給我母親：「媽媽，雖說你和爸爸感情沒有很好，不過家裡突然少了個人，你會不會覺得冷清、不習慣呀？」她的回答出乎我意料：「我昨天下午去大安森林公園運動，急急忙忙趕著四點半回到家，打開門一看，你爸爸沒有坐在客廳耶！我才想起來他已經走了，我終於自由了。所以，今天我運動完還跟朋友聊天，我高興幾點回來，就幾點回來。只可惜，我已經哪裡都去不了了。」那時母親小腦萎縮症發病已經十二年，雖然還是每天做瑜珈、扶欄杆走路、做氣功，遠距離移動已經需要輪椅，她沒有出遠門的興趣了。

復健科多的是病人終身依賴輪椅行動，自己推輪椅需要力氣和技巧，我以為坐在輪椅上有看護幫忙推是很輕鬆的事情，母親卻引以為苦。原因是台灣的騎樓上上下下，馬路有高有低，有各種路障，一路顛簸，並不好受。母親住在弟弟的台大教員宿舍，離台大校區不遠，看護推她去校園看杜鵑花，看護看的很高興，母親卻說以後不去了。這是如人飲水，冷暖自知啊！

我們想帶她在台灣短程旅行，她更不願意了，因為習慣家裡到處有扶手的環境和衛浴，總是認為住旅館，會給大家添麻煩。我曾經接她來台中一起住，結果她說度日如年、很不習慣。浴室太大了反而不方便，沒辦法像在家裡一樣，坐在馬桶上淋浴；浴室門又太小了輪椅進不去。電視遙控器用不習慣，找不到想看的電視台，看書也沒有家裡方便，日子變得好長。住了三天，就又回去台北了。雖然我的電梯別墅比她住的公寓寬敞舒服多了，猜想對她而言有如住旅館，再好的旅館，住起來也沒有自己家裡來得自在習慣，住一兩天也許新鮮，長期住旅館，很少人能忍受吧。這也許是多數老人不願意離開老窩的原因。

算命的師父曾經說父親將活到一百歲，母親陽壽八十三歲，父親比母親年長十七歲，也就是說他們將在同一年離開人世，母親聽了深感絕望，覺得前輩子欠父親的，這輩子莫非要到死才還得完。沒想到父親提早八年離開人世，讓母親享有幾年輕鬆自由、自己作主的日子，這點她非常感恩父親。

註1——父親四歲以前有奶奶疼，奶奶過世後，突然變成一個受虐的童工，伺候養母和養姊。相對的，養母是溺愛養姊的，讓他心生不平。小學畢業後成為真正的孤兒，離家獨自打拚，生活上遭遇到什麼磨難，他不曾描述過。他和我母親一樣，也是有嚴重「童年創傷」的人，也沒有得到過愛。但是他用硬硬的鎧甲包裝自己，讓自己相信自己是強者。其實他的內在有個需要愛的無底洞。他活在自己的世界裡，沒有能力對家人付出愛，自然就沒有愛流向他。他用「情緒勒索」得到暫時的情緒釋放，但是他把母親推得越來越遠，他的匱乏就越來越嚴重。我理解他的心理障礙，但以我也是受害者的角色，又是母親的同情者，沒有能力以慈悲待他。我們三姊弟被一對有著嚴重「童年創傷」的父母以打罵教育養大，帶著我們自己的童年創傷，長大成為善良、勤奮、負責、疼愛子孫的人，也算是報答父母的養育之恩了吧！所有的家人都是來幫助我們修行的，感恩父母！

第六章

與看護相伴的日子

父親過世後，母親這輩子第一次有當家作主的機會，不必凡事看別人的臉色。同住的只有弟弟和外籍看護，弟弟每日早出晚歸，回來也說不上幾句話，偶爾會播放電影一起看。她開始了日夜只有外籍看護相伴的日子。

第一個看護是菲律賓籍，只會簡單的華語，為人憨厚，但是做事情比較懶散。幸虧此時母親生活上還能自理，只有出門需要看護幫忙。看護不是機靈、會主動把事情做好的人，總是要人再三提醒，這點和急性子、手腳俐落的母親完全相反，造成母親常常口氣急躁的催促或責備。這下換成看護怕我媽媽，兩個人當然保持著距離。天下沒有完美的人和事，看護沒做壞事，做的餐點母親都吃得習慣，在我看來，已經謝天謝地了。

母親持續每天運動兩三個小時，休閒的時候做裁縫、看電視，生活還算充實。偶有朋友來家中探視或者聚餐。妹妹仍是每週來一次，支援台北家中日常的需求。我平均一個月回娘家一次，母親身心有事會找我商量或抱怨，我們常常通電話。這樣過了相對平靜的四年。

四年後，我們換了一位動作俐落、華語流利的印尼看護，是妹妹原本認識推薦的。雖然有了這兩項優點，但由於母親仍然講話口氣急躁，看護除了與母親溝通事情以外，都自己待在其他房間做事情、滑手機，妹妹回來時兩個人在裁縫間嘻嘻哈哈講不完的話。母親竟然生出看護瞧不起她的念頭，我向妹妹反映，妹妹傳達看護怕我母親所以不敢親近的訊息。我可以理解母親的感受，如果看護沒有主動來看需要幫什麼忙，而母親又不喜歡叫人，或者叫人沒有反應（有時沒聽見），都會造成她的不愉快。這不是誰是誰非的問題，就是很難有默契，無法很融洽。母親雖然每日有各種活動，難免覺得冷清、寂寞吧！

外籍看護受訓時可能被要求遵守某些規矩，譬如不能與主人同桌共餐。我們請看護不用介意，但是看護都是堅持拒絕。後來想想，也許她們會覺得不自在，也就不勉強了。此事說明看護與被照顧者其實存在著主僕關係，期待看護成為良伴，先天上就有其困難。何況有語言和文化上的隔閡。現代老人身邊，多半只有看護相伴，也是一種淒涼。

我有時候在想，古時候三、四代同堂，家裡人進進出出，尤其是有小孩的歡笑嬉鬧，老人的生活就比較充實有活力吧？可惜已經回不去那個時代了。

前述相處上的小問題，在母親生活自理能力逐漸喪失以後，變得越來越嚴重。本來只有出門需要幫忙，在家可以行動自如，需要叫人的機會不多。後來拿助行器走路，每次要從椅子上起來，都需要人幫忙，老人家容易頻尿、便祕，母親心裡對老是要叫人很不舒坦。病情繼續惡化，持助行器容易跌倒，在家必須坐輪椅，每次移動都要看護抱上、抱下，還要幫忙洗澡、穿脫衣服。光是上廁所需要看護幫忙穿脫褲子這件事，看護願意幫忙，但是母親為了自尊心一直拒絕。我說安全至上，跌倒麻煩就大了。母親撐到實在不行了才妥協。

手的動作越來越不平穩，連吃飯都掉得滿地。她開始萌生「只會吃飯、上廁所，做什麼事情都要叫人，形同廢物」這樣的負面念頭。算算看，每天起床、上廁所、去地板上做瑜珈、從地板起來坐輪椅、去客廳、吃午飯、睡午覺、到樓梯間練走路、吃晚飯、洗澡、上床、半夜上廁所，每天十幾二十次要人幫忙，對自尊心的打擊相當大。轉位的時候，雖然看護很有力氣、也算有經驗，她免不了緊張怕摔倒，看她轉位時的驚恐表情就可明瞭。

母親有便祕問題，經常要調整藥物，情況時好時壞。有次坐馬桶，請看護先去做事，做完過來幫忙，沒想到看護以為有需要的時候母親會叫她，而母親以為她在忙，不好意思叫她。坐了半個鐘頭，兩腳發麻，很難受，才大聲呼叫。看護一時情急，直白的說：「你怎麼不早點叫我？」母親本來就又惱又氣，一聽看護指責的語氣，悲從中來放聲大哭：「我這輩子是做了什麼孽呀？為什麼會得這種病，受這種折磨？」看護嚇了一大跳，之後就更加小心了。我想看護沒有惡意，不過病人敏感的心態，我們常常忽略了。想要周全的照顧到，就算為人子女也不一定做得到。

母親夜尿多，干擾了睡眠，睡眠不好也是夜尿的原因。雖然給了鎮定劑助眠，只能獲得部分改善。這問題也是一大困擾，她見到看護睡得正香，總是不好意思叫醒她。只好瞪大著眼睛忍耐，夜深人靜的時候，眾人皆睡我獨醒，只有失眠的人才知道時間過得有多慢、多難熬。我們和看護都說叫醒她沒關係，看護醒來處理好事情躺下就又睡著了，母親仍然一樣的習慣。看護年輕好睡，老人早早醒來，有時醒來才三四點，看著時鐘一秒一秒慢慢爬，等到六點過後才叫醒看護。夜晚睡眠變成是痛苦的事情，這也是當事人才能理解的困頓。

有次我在報上看到一篇文章，作者腦中風後有一段時間需要看護幫忙。他提到看護幫他梳洗的動作和掃地、抹桌子沒有兩樣，所以實在生不出感恩的心。我看了感觸良深，不要說是看護，就算是自己的親人，若不是非常有愛心、耐心和細心，我們可能也是動作粗魯像抹桌子一樣的幫親人抹臉，無法同理到被照護者的感受。若是由照顧者幫忙刷牙，那是更難的功課吧！我們說久病床前無孝子，長期失能的照護，對照顧者和被照顧者而言都是很辛苦的事。雖說人與人相處是互相的，不同的語言文化，非親非故的，要遇見理想的人也是要靠運氣。對雙方來說，都是如此。外籍看護離鄉背井，一人在台幫忙照顧我們的親人，我是真心很感恩她們。

我公公失智臥床十二年，用過五個外籍看護，有偷錢的、逃跑的、嫌難照顧不願做的、陽奉陰違的，最後終於碰到一位婆婆讚不絕口的。她來了以後，勤於幫公公翻身、拍痰，沒多久不用抽痰也不必用氧氣了，也很少發燒，就不用打消炎藥、吊點滴了。僅有一次發生壓瘡，是電動氣墊床壞了，大家都沒發現。這位個子最小，最年長，最認真的，其實做得最輕鬆，因為沒有併發症，好照顧多了。我們全家人感激不盡，除了待她好，盡量在金錢上幫助她家人。沒想到年近九十的婆婆一時糊塗，有次懷疑她偷了金飾，讓她很傷心。還好，我們都相信她，給她肯定和鼓勵。

有了外籍看護制度以後，以我們家為例，娘家和婆家共四位長輩都是外籍看護幫忙照顧的。子女們相對輕鬆許多，可是盡孝的機會相對少了。老實說，並不是做不到，因為反正有人照顧，沒有迫切性，就懶散了。我父親過世後，我已經半退休，當時已有高鐵，我其實可以更頻繁的去看母親，卻總是去台北辦事的時候，順便回娘家。有了孫子、孫女以後，主動想盡辦法多親近他們，對於父母卻沒有同樣的熱度。子欲養而親不待，後悔之餘，也認清這是人的本性。提醒自己要安排好自己的生活，獨立自主，不要有養兒防老依賴子女的期待。

父親過世後，母親在心理上獲得了充分的自由，身體卻失去了自由，只有看護相伴，想來頗感辛酸。

註1——請到好的看護，要看運氣。看護要找到好的雇主，更是需要好運氣。在復健科工作，每天都有許多外籍看護來來往往。有時會聽到護理人員報告某某看護被雇主虐待，或者男病人對女性看護毛手毛腳的。反過來，也有看護人前一個樣，背地裡對病人不好的。有不少時候，晚輩對看護很好，保守的長輩有根深柢固的主僕觀念。還有長輩不能忍受家裡住了外人，或僱了女性看護照顧男性長輩，太太吃醋的。好像八點檔上映的人間百態悲喜劇。我常覺得外籍看護非親非故的大老遠來幫忙照顧我們的至親，那是很深的緣分，做晚輩的要誠心關懷，協助溝通，做兩邊的和事佬。這過程也是一大功課，需要虛心學習。

第七章

自主善終的抉擇

母親在發病之初就囑咐，她若情況很糟，要幫助她解脫，這事情我牢記在心，家人也都知道。我的長子也是醫師，阿嬤談到此話題，總是哄阿嬤：「我們會幫你的，這你不用擔心啦！」母親幾次向我轉述，我心裡知道沒有這麼單純，只能順勢安慰母親。

二〇一九年母親的病況快速惡化，更頻繁的談起希望能夠早日解脫的心願。她從安樂死議題的討論中，知道在台灣「醫師協助死亡」是違法的，因此傅達仁先生必須遠渡重洋到瑞士，才能合法的從醫師手中拿到藥物，一口一口喝下，結束自己痛苦的生命。母親表達不要我們用違法的方式幫她解脫，但是苦惱於有什麼方式可以無痛苦的離開人世呢？

早在二〇一四年我讀了中村仁一醫師著作的《大往生：最新進的醫療技術無法帶給你最幸福的終點》，在這本書裡，我首次看見「斷食往生」這個名詞，有如在暗黑的隧道中看見了光。但我並未立刻告知母親此事。

中村醫師在中型醫院退休後轉往老人養護中心擔任專職醫師，在這樣的單位有許多「老衰死」的案例。他從一些跡象判斷老人已經接近臨終時，會通知家屬來送最後一程。剛開始幾乎所有家屬，甚至是養護中心的同事都會提議：「那趕快送醫院吧！」他覺得很震驚：「這是什麼情況？」他的意思是：「送醫院做什麼呢？將死之人，不就是讓他安詳的走就好嗎？到醫院去做任何措施，都是增加病人的痛苦、延長死亡的過程而已。難道大家忘了，我也是醫師，我懂得如何照顧臨終病人。」有些家屬說：「那至少打個點滴吧！」他會倒一杯點滴請家屬喝，體驗點滴不過是加了一點葡萄糖的水。病人的全身器官已經失去功能，打了點滴，只是讓病人全身浮腫不舒服罷了！強迫臨終的病人進食，由於消化吸收功能也衰退了，只會造成腹脹、嘔吐等更大的痛苦。

病人不是因為沒有吃而死，是因為快要死了，吸收不了，所以才不吃的啊！經過反覆的解釋與實際操作，機構員工和家屬終於接受了中村醫師「什麼都不做，在養護中心自然死亡」的作法。事實證明這種方式，臨終病人可以面目安詳、毫無痛苦的離開。若送到醫院，免不了進行一些無效的醫療，甚至被施與心肺復甦術，他稱這種受罪的死法叫做「醫療死」！

一般人常有病人臨終多日未進食，是「餓死」的誤解。中村醫師花了不少篇幅來說明「自然死」的過程與人體的反應。

自然死的實際狀況就是「飢餓」和「脫水」，一般來說，只要聽到「飢餓」和「脫水」，就覺得情況很悲慘，因為首先想到的就是明明肚子很餓，卻沒有東西吃，或明明喉嚨很渴，卻沒有水喝，就像在沙漠裡迷路或漂流在大海上一樣，光是想像就覺得很痛苦。

但其實將死之際的「飢餓」和「脫水」，狀況並不相同，因為生命之火已經快要消失，在這種情況下，根本一點也不會餓，也不會渴。「飢餓」時，腦內會分泌嗎啡物質，讓人充滿愉悅，也會有滿滿的幸福感。「脫水」時，會因為血液變濃稠的緣故，讓人意識指數降低，陷入朦朧的狀態。

強制人工營養法，來自醫護人員必須盡所有努力讓病人活著的使命感，以及家屬不能讓病患餓死，不能見死不救的罪惡感。而在這些觀念背後，隱藏了無法正視「死亡」這件事的態度。

中村醫師偏愛「自然死」而非「醫療死」。在他的生前意願書提到，不叫救護車、不插管、不用呼吸器等事項，因為擔心得到失智症而補充一點：雖然不易掌握準確的時機，最好趁自己完全癡呆之前，採取山折哲雄先生所提倡的「斷食往生法」。他自行整理出「斷五穀七天，斷十穀七天，吃木食（水果）七天，斷水分七天」的具體作法，其基本精神應該就是漸進式減少食物和水分的攝取，一個月左右就能無痛苦的往生。

中村醫師也提到美國在一九九〇年和二〇〇五年分別有南希．克魯桑（Nancy Cruzan）和泰莉．夏佛（Terri Schiavo）兩位植物人，在家屬向法院提出申請獲准停止管灌餵食而往生的案例，兩位都是在停止灌食後兩週內死亡。

這讓我想起一九九〇年我一位老師九十六歲，因為行動不便，每日只能待在房間裡，覺得生存沒有意義，因而在家中絕食離世的往事。老師是一位睿智而獨立的人，九十歲的時候，都還能夠自己搭車在台灣各地旅行，探望兒女子孫和學生。可以理解，失去自由的他何以作此抉擇。但是聽到消息之初，還是非常不捨，覺得他被活活餓死，真是可憐。如今心中才感到釋然，原來他做了智慧的選擇，而斷食往生沒有我們想像的那麼悲慘，絕對比在醫院「醫療死」好太多了。

二〇一九年母親提起生命已無意義，痛苦難當，隨時可以離開。但苦於不知如何才能好死？我拿《大往生》一書請她閱讀。其實在那之前我已經多次輕描淡寫提到只要不進食，幾週內就會衰弱而亡。譬如傅達仁安樂死新聞沸沸揚揚的時期，我曾說過他只要停止進食，就會往生了。我大阿姨已經快要一百歲，十幾年來一個人關在房間裡，電話中常常說日子很苦，佛陀怎麼還不來接她？我也跟母親提到阿姨只要不吃東西，就能解脫。但是，畢竟不是直系血親，不好提出這樣的建議。猜想阿姨也未必能接受這種方法。

母親讀完《大往生》，表情凝重的找我談話。她表示決定用斷食方式結束生命，時間就訂在次年的生日之後。我當時覺得太快，勸解她是否可以再延後一些。她說：「我這一生責任已了，沒有虧欠人，也沒有遺憾。現在不會做裁縫，只會吃飯、上廁所，凡事都要麻煩人，形同廢物。我活夠了，早點走，一定很快樂，沒有這裡痛那裡痛，也不用麻煩人家。」看來母親想得很透徹，意志堅決。我答應她，我會全程陪伴，也會請教安寧照護專家，讓她平穩的離開。母親聽了如釋重負，鬆了一大口氣，露出欣慰的笑容，說她這下都沒煩惱了，可以開心倒數著過日子。我才驚覺，原來「如何離開？兒女是否放手讓她離開？」困擾著她已久。這是第一次，我體會到身為醫師，對母親有重大的意義。

接著我開始在網路、在書店尋找有關斷食往生的資訊，比較多的資料是探討自然死、安樂死、老衰死、平穩死，真正明確描述停止進食（禁食、絕食、斷食）得善終詳細過程的只找到海倫．聶爾玲（Helen Nearing）的《美好人生的摯愛與告別》（*Loving and Leaving the Good Life*）。海倫的先生史考特（Scout Nearing, 1883-1983）曾經是美國大學教授，是一位自由主義與自然主義的思想家與行動家，晚年夫妻倆人放棄紐約的繁華生活，搬到佛蒙特州偏遠的鄉下，建造小規模的農家式住宅，過著自給自足的田園生活。他對死亡的看法也符合自然主義。

一九六三年（史考特八十歲）他在遺書寫下這些願望：

第一、當我病危時，我希望能順其自然地死亡。

(1) 我希望能待在家裡——而不住在醫院裡。

(2) 我不希望有醫師在場，他們既不懂得生命，又不懂得死亡。

(3) 如有可能，我希望自己死在屋外的曠野上。

(4) 在臨死前，我希望禁食，盡可能地不吃任何食物，也不喝任何飲料。

第二、我希望能清醒地體驗死亡的過程，因此，不要用任何止痛劑或麻醉劑。

第三、我希望能盡快地、悄悄地死去，所以：

(1) 不用注射點滴和強心劑，不需輸血、食物和氧氣。

(2) 在場的人不用悲傷和遺憾，他們需要保持鎮靜，表示理解和喜悅，平靜地共同體驗死亡的過程。

(3) 神祕現象的具體化亦是一個廣泛的經驗領域。我在活著的時候能充分地發揮自己的力量，當我去世的時候，亦能滿懷希望。死亡既是一種過渡（transition）又是一種覺醒，他體現了生命過程的不同方面。

史考特的禁食死亡過程，海倫做了以下詳細的描述：

史考特在一百歲生日的前一個多月，與一群朋友圍桌吃飯時說：「我想我不能再吃飯了。」自那以後，他再也沒有吃過固體食物，他有意識地選擇了離去的時間與方式，通過禁食的途徑來擺脫自己的軀體。禁食而死並不是一種暴力的自殺行為，它只是漸漸的消耗能量，平靜地、自覺自願地離開人世間的一種方法。無論在物質方面，還是在精神方面，都做好了離開世間的準備。

我默許了史考特所採取的這一死亡方法。整整一個月，我只是在史考特要求喝果汁的時候，才給他一點蘋果汁、橘子汁、香蕉汁和葡萄汁。有的時候，他說：「我只想喝點水。」史考特沒有生什麼病，他的神智依然很清醒，他的身軀得到徹底的解放，只是他軀體內的生命力在逐漸的削弱。最後一個多星期，史考特只靠水在維持自己的生命，但他的軀體已經乾枯、萎縮，他隨時都可以安息長眠了。

一九八三年八月二十四日早晨，我坐在史考特的身旁，輕輕地督促他平靜地離開這個世界。

我輕聲的對史考特說：「親愛的，您不用再留戀了，讓自己的身體隨著波浪向前飄去吧！您已經盡力度過了一個美好的人生，開始您的新生活，獲得新的陽光，我的愛將永遠跟隨著您。這裡的一切都將安然無恙。」

史考特的呼吸越來越微弱，越來越微弱，他漸漸的擺脫了自己的身軀，獲得了自由，就像樹上一片枯葉，隨風飄走了。「一切……都好」（all...right），史考特輕微的鬆了一口氣，似乎在證明了萬物的正常運轉後才放心的離去。就這樣一個有形的人最終進入了一個無形的世界中。

中村醫師以科學和理性的角度描寫了自然死亡的無痛與安詳，海倫以智性和感性的筆觸描繪禁食而亡的平靜與自然。我在閱讀的過程中，體驗到死亡是生命的一部分，不再是令人恐懼、悲傷的，甚至可以欣然的去迎接，因為那是一個奔向自由的過程。

就這樣，我們母女做成了斷食善終的約定！

註1──《大往生：最先進的醫療技術無法帶給你最幸福的生命終點》，中村仁一，三采文化，二〇一三。

註2──《美好人生的摯愛與告別》（*Loving and Leaving the Good Life*），海倫・聶爾玲（Helen Nearing），正中書局，二〇一〇。

第八章

愛的極致是放手

母親決定次年生日過後停止進食，這件事在家中沒有被正式討論過。我將母親的心路歷程，我對於斷食善終的理解及準備，撰文在部落格〈阿畢的天空〉。先把文章唸給母親聽，母親紅著眼說：「你們就當作我出遠門旅行去了。」接著把文章分享給所有家人，讓他們對斷食有所認識，不致於焦慮。家人尊重母親的選擇，但是感到不捨，期待多陪伴母親，勸她可以把時辰延後一些。親人每次與母親的對話，都能感受到她的意志堅定，也更能理解她的辛苦。

由於預約了善終的時間，家人心中都有準備，可以慢慢調適。體會母親時日不多，都盡量找時間陪伴。母親的三位外孫增加了帶子女回來看阿祖（曾祖母）的頻率，三個曾孫／女來訪，母親總是笑得合不攏嘴。僅是看著他／她們可愛的模樣、聽著他／她們的童言童語，她就滿心歡喜。更別說暖軟的小嘴唇印在她的臉頰，曾孫拉著她的衣服說：「阿祖，你的衣服好漂亮！」然而歡樂的時光，總是過得特別快，生活的不便與身體的不適終究只能自己承擔。我們勸她活久一點，看曾孫長大，她不曾動搖過盡快回天家的念頭。

弟弟改變作息，提早回家，晚上陪母親看了不少電影，恐怖片是母子與看護三人的共同嗜好。母親無法做裁縫和瑜珈以後，多了很多空閒時間，弟弟買了些書回來，竟然多數都能合母親的胃口。每天午睡醒來，母親在客廳看書兩個鐘頭，這是她自己也感到意外的，過去她有別的事忙，很少閱讀。書堆裡有楊麗花、鳳飛飛、薇薇夫人、陶曉清、施寄青、黃越綏、林靜儀、侯文詠等等，都是她熟悉的藝人、作家或女性的生命故事。母親、弟弟和我三人都閱讀了瓊瑤的《雪花飄落之前》與橋田壽賀子的《請讓我安詳、快樂的死》，書中描繪了許多與母親相似的心情，凝聚了家人的共識。

妹妹每週回娘家一至兩次，母親陸續的交代她身後要幫忙聯絡哪些親友，如何處理遺物及財務。叮嚀著她往生以後妹妹要常回來，照料獨居弟弟的家務，也讓家裡不致於太冷清。妹妹正在學習誦經，每晚誦唸或者抄寫〈藥師琉璃光如來本願功德經〉迴向給母親，祈願母親能夠少病痛、得善終。

母親決定斷食善終以後一個多月，我到京都賞楓，行前在二手書店巧遇曲培棻的《京都33祝福：美好又享樂的觀音寺之旅》。一切有如天意，我臨時改變了行程，以參拜三十三家觀音靈場為主軸遊歷京都，京都處處楓紅，沒有錯過，有更多的巧遇。在大街小巷中按圖索驥尋找寺院，東寺、清水堂、三十三間堂等名寺是去過好幾回的，但有幾家隱身在巷弄民宅裡，尋尋覓覓方得參拜。為了尋這三十三處大小寺院，深入了京都民間，巧遇紅葉林中定靜的佛陀，彷彿佛陀親現眼前，心中莫名感動。一次次對著佛陀、觀世音菩薩合掌祈願，希望母親少病痛、得善終。總是不忘加一句：願母親能在睡夢中往生，以免飢餓、虛弱之苦。

擔任復健科醫師的長子驚訝於我們三姊弟與母親的高度共識，覺得不可思議。在婆家，上演過完全不一樣的老人劇。年近八十的公公在最小的孫子上大學、不必再每日開車接送以後，開始出現健忘的症狀，開車有時迷路，容易跌倒，懷疑婆婆有外遇，總是抱怨婆婆煮的菜餚味道不對。腦部影像顯示大腦萎縮，醫師診斷是失智症。病情快速惡化，兩年後已經無法行動，坐都坐不穩，無法言語，有吞嚥障礙。一次肺炎發燒住院後從此身上插著鼻胃管和導尿管。

婆婆和外籍看護守著臥床的公公住在曾經是三代同堂的老家，先生每週回家吃幾次晚餐，其他親人一週或數週回家探視一次。公公日漸消瘦，嘴巴張大合不攏，四肢彎曲拉不直，一不小心翻身次數不夠就有壓瘡產生。不時發燒，有時是尿路感染，有時是肺炎。先生是婦產科醫師，在家自行幫公公換藥、打點滴、打抗生素、更換兩管。

公公的弟弟比他早五年失智，除了兩管還多了氣切，家裡請了兩位看護，叔母也是寸步不離，仰賴居家照護團隊定期訪視更換管路，叔叔臥病在床的十二年間因為併發症住過幾次院。

兩家共五個女人守著兩個臥床的失智老人，金錢與物資的花費不說，叫人心疼的是兩位遲暮之年的女性，本來可以在子孫長大後享清福，卻被綁在病床邊，沒有了自己的生活，過著比年輕時照顧小孩還辛苦的日子。小孩會成長並帶來歡笑，付出有很大的回饋。數年如一日陪伴著臥床、無意識的老伴，家中氣氛低迷，看不到未來，我無法想像她們是如何熬過來的？人說久病床前無孝子，兩位女性長輩對先生這樣無怨無悔多年的付出，是社會價值觀的展現，還是夫妻之愛的情操，讓人敬佩，也讓人深思：這樣的付出是值得的嗎？對她們是公平的嗎？當每年有數十萬個家庭發生同樣的事情時，對整個社會而言是多大的負擔？

躺著的人更苦。從他們變形的軀體、不時的呻吟、偶爾的清淚、家人探視時的不忍與凝重可以說明。這樣長年躺著，從來不是他們的選擇。是家人對他們的愛？還是家人不能面對他們離去的失落？或是因為生命神聖不可侵犯？

隨著時光的流逝，我越來越常向先生提議：漸進式停止灌食，一般來講，虛弱老人十天、兩個星期就往生了。我畢竟是媳婦，半個外人，不好在婆家發表意見。先生有他的考量，整整十二年，從沒有和他的母親與姊妹討論過這個議題。他想當然爾，認為婆婆不覺得這是犧牲，婆婆希望公公活著，婆婆不可能「餓死」公公。他還認為公公失去意識，也許不知道痛苦，但是只要他活著，他的靈氣就會繼續陪伴著家人、保佑著家人。我們夫妻是醫學系同班同學，但是對這件事情的觀點南轅北轍，看來這事無關乎醫學，與成長背景或家庭生死觀比較有關係。

不過，在公公臥床多年後，婆婆開始意識到，若公公需要氣切，將拒絕執行。最後兩年，婆婆主張不論公公發生什麼併發症，都不要送醫院救治了。偶爾也會提到，自己將來若是重病，不需積極治療，不要像公公這樣「拖磨」。

公公臥床第十二年（九十三歲），在睡夢中往生。辦完喪事，先生才告訴我：最後這一兩年，他的內心有很大的掙扎，思考著公公這樣活著有意義嗎？讓公公這樣痛苦的活著，是孝順？還是不孝呢？但是他沒有告訴任何人他內心的痛苦。他感恩公公的離去，讓他不必再掙扎於生與死的兩難。

依我的觀點，讓公公躺在床上十二年，是極其殘忍的事。不只公公受罪，婆婆從七十四歲開始照顧失智的公公，公公往生時她已經八十八歲，十四年的照護人生讓她老得很快，連外出散步，都要看護牽著。我母親斷食往生後，我先生問婆婆：「當初若拔管讓爸爸早點走，就不用受那麼久的折磨了。」婆婆立即反應：「這怎麼可以？」也許牽涉到親情、死亡，所有的倫理、邏輯、科學都不管用，文化或信仰掌管了一切。歐美國家因為文化不同，比較沒有長期臥床這種現象。日本情況與我們不相上下，所以有了「長壽地獄」這樣的名稱。

家人的共識，不是在緊急狀況發生時經過討論就能快速形成。突發的重大傷病來臨時，家人多數六神無主，心中難以接受無常，不願意放手。再加上親人意見紛紜，甚至起爭執，就難以做出理性的抉擇。對醫護人員而言，面對這種狀況時唯有盡量救治病人，才能減少被告的機會。

我娘家人不避諱談死亡，父親年邁時深信自己會在睡夢中死亡，表達過身體若有不適，不必叫救護車，不必送醫院。母親中年時，最疼她的姊姊血癌治療三年後過世，她就表達過受這麼多苦多活三年不值得。平常媒體或電視談話節目時常探討安樂死議題，家人都一致贊成。遇見有子女因為爭產，不放手讓重病的父母依其意願拔管往生，家人也都是一致譴責。所以我們家人的共識，其實是在日常的閱讀與時事討論的互動中，就已逐漸形成。

母親決定斷食善終，與我們三姊弟的看法完全一致嗎？我想唯一的差異在於時間問題。母親因為長年練習瑜珈，除了小腦退化造成平衡感不好，有輕度的高血壓、白內障開刀以外，身體各器官功能維護得很好。平常去探視，總是有說有笑，聲音宏亮，人也很樂觀。家人都覺得她應該還可以再活久一點。

母親擇定數月以後往生，其實讓我們有不短的時間，可以好好多陪伴她，在心理上也有足夠長的適應期面對她的離去。從醫學的角度來看，她預約的時間其實很恰當，因為開始斷食時，她進食已經非常困難、經常嗆咳，但是鼻胃管不是她的選項；她已經無法坐穩，身旁要塞好幾個靠墊。不會翻身，睡眠成為痛苦之事，她不願意每一兩個鐘頭就叫醒看護幫她翻身。她其實有很高的機率發生吸入性肺炎，那會帶來更大的痛苦，幸虧一次都沒有發生過。

對我而言，陪伴、照護母親度過斷食的臨終過程，是在幫助母親解脫痛苦，也是我的職責。妹妹強調：「雖然不捨，我們不能強迫媽媽痛苦的活著。」弟弟說：「假如媽媽認為這樣對她最好，我尊重她的選擇。」母親罹病將近二十年，看著她功能日益退化，生命的意義逐一喪失，我們完全能同理母親何以會作這樣的決定。若是我們，應該也會作相同的選擇。

正是因為愛，我們看見她的苦，我們該當放手，讓她離開這個老舊的軀體，換一個健康的身體乘願再來。而她的精神，因為她的離去，更鮮明的活在我們的心中。

註1—有關長輩的善終，家人之間如何取得共識是重要課題。以我娘家為例，因為父母平常就持開放態度表達其意願，兒女尊重父母意願，共識自然形成。有位朋友，家中四個兄弟姊妹，有兩位是醫師，都判斷母親的病情嚴重，預後不佳，任何治療都是延長痛苦，主張放棄積極治療，給予安寧照護。另外兩姊妹捨不得母親的離去，堅持繼續努力才有希望。爭論不休的結果，母親過世後，兄弟姊妹有幾年互不往來，讓她感到心痛。原因之一是她母親本身無法坦然面對生死議題，沒有表達意見。也有可能他／她們逃避與母親討論此議題。我的看法是平常家人不要避諱談死亡，多交換意見，「尊重當事人意願」是最大公約數。大家都尊重當事人，自然就有共識。有位醫師朋友，不知如何與父母談死亡，就以自己要去簽署「預立醫療決定書」為引子，談起此話題，沒想到她的父母說：「我們已有規劃，早就想跟你們交代，只是沒有找到適當機會。」可見，只要有人起頭，事實上並沒有想像中困難。社會上討論善終議題的風氣越來越盛，譬如相關的社會事件、媒體專題報導或是書籍，都可以成為自然談論善終議題的媒介。

註2—《雪花飄落之前：我生命中的最後一課》，瓊瑤，天下文化，二〇一七。

註3—《請讓我安詳、快樂的死》，橋田壽賀子，大塊文化，二〇一八。

註4—《京都33祝福：美好又享樂的觀音寺之旅》，曲培棻，天下文化，二〇一〇。

第九章

斷食歷程

二〇二〇年二月中旬，武漢肺炎確診二十例，死亡一例。我在社會人心惶惶之際，帶著行李前往一小時車程的台北，赴一個最遙遠的生死旅程，陪伴母親斷食往生。小兒子送我到高鐵站，問我：「陪伴自己的媽媽走向死亡，這不是太痛苦了嗎？」我異常冷靜的回答：「這是我的職責啊！」原來我有醫師和女兒的雙重角色。

表面的冷靜之下，其實我心中不免忐忑。畢竟我是復健科醫師，沒有照顧過臨終的病人。行前請教了安寧緩和病房的護理長同事，給了我明白的指示。

第一、皮膚可能更加乾燥，必要時擦乳液，尤其是下肢。

第二、三餐喝點油，潤滑腸胃，可以避免便祕。
第三、用中型棉棒清潔口腔，濕潤口唇。
第四、定期翻身，輕拍皮膚，避免壓瘡。
第五、脫水可能輕度發燒，必要時補充水分或服退燒藥。
第六、肢體按摩及關節被動運動，避免肢體僵硬、酸痛。
第七、末期穿尿布，幫忙壓尿，用手指挖便或甘油球浣腸。
第八、臨終非常敏感，環境不要有太大刺激，照護動作要溫和。
第九、聽覺最慢消失，可以輕握其手在耳邊輕聲說話，道謝、道愛、道別。

這清單的項目，身為醫師的我做起來不難，一般人若經過專人指導，相信也很容易可以學會。母親除了小腦萎縮外並無其他內科疾病，相對比較單純。我只帶了胃藥、軟便藥和鎮靜安眠的藥。

行囊中有〈佛說阿彌陀經〉、〈洛陽三十三所觀音靈場納經帖〉以及刺繡材料，伴我面對母親教導我的最後一堂課：「自然死」。

唸〈佛說阿彌陀經〉迴向給母親，是希望母親往生西方極樂世界。京都參拜觀音靈場得來的納經帖，母親第一次看到，驚歎於書法之美，也感受到我的孝心。翻閱的過程中，讓母親習慣唸「阿彌陀佛」及「觀世音菩薩」，心誠則靈，唸佛號可以帶來一種安定的力量。刺繡是我陪伴母親時最好的活動。可以邊繡邊聊天，又有靜心的功效。母親停下來沒有說話時，我仍可邊繡邊陪伴。

行前與幾位朋友分享母親選擇了斷食的方式得善終，一位朋友說鄰居長者也是這樣走的，過程沒有什麼痛苦。另一位說她的長輩採漸進式的斷食，身體比較容易適應。原來在民間，這方法並非罕見，朋友的話給了我和母親不少信心。

第一到第十天。

我來台北之前，母親已經從三餐減為兩小餐。我到的這天，開始將兩餐減為一餐半、一餐、半餐。沒有大魚大肉，以稀飯、煮軟的蔬果為主。每天三餐喝一匙油，每天喝兩三杯水。橄欖油、苦茶油、南瓜子油都試過，後來挑選最合她口味的某廠牌南瓜子油，油黏稠好吞，不易嗆咳。水中攪了蓮藕粉，成為稀稀的糊狀，也是為了避免嗆咳。

母親開始斷食以後，妹妹幾乎每天都來，住在台北的大兒子沒事也會來，弟弟每天晚上都陪母親看電影。母親三個外孫、孫媳婦、三個曾孫都不定期的來陪伴。

親人來訪川流不息，笑聲不斷，憶往事、談時事，母親精神抖擻、聲音宏亮。完全沒有飢餓感，也沒有胃痛。

因為吃得少，上廁所的次數減少，晚上睡得好，感覺上母親的精神、體力比平常還好。有參加過斷食營的朋友跟我分享，斷食以後身體好輕鬆。我猜想母親就是這種反應，不禁反思我們一般人是不是吃太多了，身體負擔反而大。

長媳是心理師，建議兒子來陪阿嬤時，請阿嬤講述她的生平，陪她回顧她的一生，也可以留給後代紀念和回憶。原來阿嬤是很會講故事的人，話匣子打開來，有如講古的說書人，各種酸甜苦辣的往事歷歷在目。兒子帶著很大的驚奇與讚歎，聽著阿嬤兒時、年輕時期的生活，以及那個他所未曾經歷的保守、貧窮，兒權、女權低落的時代。有很多情節，連我也沒有聽說過（部分節錄在第二章）。

兒子驚訝於阿嬤的一生，先是被父親剝削，出嫁以後被先生剝削，她付出一切為了娘家、為了夫家，沒有自己。但是父親和先生的長期指責讓她自卑，看不見自己的優秀和價值。那些剝削與壓迫，其實仍然重創她的心。

有一天，她靜靜坐著，突然冒出一句話：「他從來沒有講過一句：『阿蕊啊！你過來。』」（阿蕊是母親的小名）我疑惑的問她：「你說誰啊？」「你阿公啊！」她抱怨：「我爸爸根本沒有把我當女兒，只疼大姊和大哥。中學畢業前，我們的關係是路人甲、路人乙，我不敢跟他講話，看到他像看到閻羅王一樣。畢業後，要養兩條豬，他嫌我不會做事，整天罵我，養的豬長不大，還軟腳。」「但是我不恨他，因為他是天，我是地。」我說：「我記得外公晚年臥床，你是最常回去看他的女兒，他有說你是最孝順的。我相信他在天上後悔了，後悔沒有好好對待你。」我不知道這樣的安慰，有多大效果。我很驚訝已經做阿祖的八十三歲老母親，在離世前還惦記著兒時自己的父親沒有愛過她。

對我父親的怨，也是常常冒出來的話題。我們讓她把心裡的話講出來，接納、理解她的感受，也許這是一種情緒的抒發。但又不希望她一直沉浸在負面的情緒中，看時機就會提起她的那些裁縫、瑜珈、股票、勤儉、環保、樂善好施的事蹟，來提高她的自我價值感。

兒子在採訪的過程中，越來越驚訝於原來自己的阿嬤是一個這麼能幹、新潮的老人家，打從心底欽佩她。真心真意的幾次告訴阿嬤：「你好了不起，我們都很感謝你，這個家都是因為你的犧牲才有今天。」還說：「阿嬤做這個斷食善終的決定，真是太神奇了，阿嬤變得比平常更健康。若非預約善終，不會有這麼多家人陪伴，我也不會想到採訪阿嬤的生平。兩位阿公都是睡夢中往生，這些事情都沒有發生。若是重病住院，更不可能。」我母親在一旁聽了說：「我擔心身體太好，恐怕死不了！」不孝女我竟然回答：「現在只是暖身而已啦！」

這十天連我也特別健康，重視養生的母親要我跟著她早睡早起，下午她看書的時間一定要我出去走走，有時去大安森林公園散步，有時去逛書店，每天都走六、七千步，晚上睡眠品質好，我的過敏咳改善了好多。

這個暖身的階段，除了便祕問題在調整用藥，看護每天幫忙按摩輕度水腫的小腿以外，完全沒有需要特別照顧的地方。

第十一天

清晨有飢餓感，喝完油和蓮藕水，就有飽足感。

今天開始不吃固體食物，三餐只喝一匙油和一杯蓮藕水。

第一次覺得午睡睡得不想起來。

晚餐後增加一次小睡，洗完澡，看三段四十五分鐘加起來兩個多小時的影集。

因為看的是驚悚片，客廳裡的三個人一會兒尖叫，一會兒大笑，好像在開

party 似的。

怕看驚悚片的我，在書房裡唸阿彌陀經，覺得實在很超現實（surreal）。

第十二天

昨晚未上廁所，清晨六時醒來，四肢酸痛。請看護幫忙動動手腳。

上午看戲劇、股票，午睡後看書。

晚飯後小睡，晚上看影集。

情況穩定，生活規律。

第十三天

「一定是油和蓮藕太營養了，這樣走不了啦！」

母親決定不喝蓮藕水，口渴時用棉棒吸幾口水。

三餐前有飢餓感，喝油像吃飯，喝完就不餓了。

兩歲的曾孫女來訪，話很多，玩積木、跳踢踏舞。

阿祖目不轉睛的看著，臉上笑咪咪。

臨走前，跟阿祖握手、親臉頰、送飛吻。

第十四天

很餓，想吃東西，忍耐。喝油以後，好多了。
覺得累，打瞌睡的時間和次數多起來，講話聲音低沉、拖長。
看完人生最後一本書，說明天不看書了，太累。
晚上仍看完三段影集。

第十五天

更餓，無力。有時胃不舒服，但是拒絕服胃藥。
口臭，增加用棉棒清洗口腔的次數，趁機滋潤口唇、吸點水。
白天多睡一次，每次睡醒，幫忙活動關節，按摩手腳，拍拍背。
住台中的小兒子帶三歲多的孫子來探視，孫子比孫女還大一歲多，跟阿祖的互動更多，阿祖高興得笑呵呵。
離開前，孫子問媳婦：「媽媽，我們什麼時候回家？」

阿祖說：「像小大人一樣，怎麼有這麼乖的小孩！好可愛，表情好多。來，親阿祖一下。」

臨別，眼裡含著淚對我的小兒子和媳婦說：「謝謝你們這麼遠來看我！」

第十六天

昨晚餓得睡不著，越來越早醒來。五點就請看護抱起來到客廳坐。

眼框凹陷，眼皮下垂，臉頰消瘦，嘴巴合不攏，口齒不清，聲音微弱。

看不清電視畫面，電視聲音聽起來好遙遠，要我幫忙看股票。無奈我完全看不懂。

小便解不出來，我幫忙從恥骨上方壓迫，解出來了。

看護看我壓得很深，嚇得睜大眼睛，問阿嬤會不會痛？搖頭說不會。

兩天沒有解便，用甘油球浣腸，排出少量糞便。

白天起來坐三次，一個多小時就屁股痛，大多數時間躺在床上。

抱怨日子難熬，一天怎麼這麼長。

從來沒有生過病，沒有這麼苦過，能不能打一針就走？

哪裡最苦？口苦，屁股痛，四肢酸痛，身體像「麻糬」一樣東倒西歪，轉位好辛苦。

晚上硬撐著看了兩集影片，說不看了。看不清，有時坐著閉目。

提早回房休息。我幫忙壓尿、活動四肢以後，出來客廳。

眼前景象讓我嚇一跳！

大兒子哭喪著臉，扶著泣不成聲的舅舅。

弟弟問我：「一定要這樣嗎？沒有更好的辦法嗎？」

我一直以為，所有的發展都還在可以控制的範圍，可以自行處理。

弟弟一定是突然感受到母親真的快走了，悲痛不捨。

第十七天

一早醒來，看見弟弟坐在母親床前，兩人淚眼相對。母親交代遺言，弟弟勸慰母親不用擔心。我知道母親最放心不下的就是這個沒有結婚、沒有子嗣的小兒子。

我告訴母親，不用擔心，我們姊妹和孩子們都會好好照顧弟弟的。

用水清潔口腔時易嗆咳，油、水從嘴角流出，吃藥很難吞。

我打電話給居家安寧診所的醫師，醫師聽我講述母親的情況，確認母親不是憂鬱症，答應盡快來。

大兒子來探視，哭著坐在母親床前講了許多話。母親說：「我知道你一直很孝順！」

弟弟邊哭邊準備照片，要幫媽媽辦一個生前告別式。我們請母親晚上喝一杯蓮藕水，精神好很多，在歡笑聲中，度過了對母親和家人都有重大意義的三個小時。

（下一章詳述）

第十八天

居家安寧照護的醫師以及護士來訪，母親還可以用微弱的聲音回答醫師所有的問題，母親強烈表達她希望可以無痛苦的趕快離開人世，說她責任已了，活夠了，沒有遺憾。醫師也看得出來，母親心意已決，目前非常虛弱，提供了鎮靜的藥物，告訴我們施與的方式，留下了二十四小時可以聯絡到人的電話。護理師和我討論照護細節，發現我已經都處理得很好，放心的離開了。

母親昏睡的時間越來越長，沒有再起床。偶爾清醒的時候，我們會跟她說說話，幫她清潔口腔，活動四肢。身體的清潔也在床上進行，穿上尿布，定期壓尿，浣腸已無大便。

第十九、二十天

尿液越來越少，呼吸越來越微弱，幾乎都在沉睡。我仍定期的幫她輕輕的按摩，活動四肢。在她耳邊輕輕的提醒她心中唸佛號，佛陀和觀世音菩薩會來接她，她很快就要見到愛她的母親和養姊了。

其他親人也輪流坐在床邊陪伴著母親，有時默默流淚，有時握著她的手，輕聲與她說話，道謝、道愛，請她不要擔心。

第二十一天

早晨起床，發現母親的脈搏微弱、心律不整，呼吸短促而淺，馬上通知所有親人。親人陸續抵達，探視過母親後，在客廳討論是否該聯絡葬儀社，請教需做何準備。

十分鐘後，再去看她，發現她臉部放鬆、神態安詳，好像沒有在呼吸。我探不到鼻息、摸不到脈搏，側臉趴在她溫熱的胸前，但是聽不到心跳。大兒子幫忙摸脈搏，也摸不到，小聲的說：「阿嬤走了！」我兩眼一熱，親吻她的額頭：「媽媽，你安心的跟著佛陀走，阿嬤和阿姨來接你了！」

家人謹遵母親的囑咐，都沒有哭。母親離了這一世的勞苦，雲遊四海去了。阿彌陀佛！

母親往生後的兩週內，我夢到她三次，場景都一樣，她年輕許多，滿臉笑意，行動自如，與女眷歡樂互動。夢中以為她還活著，將醒之際才意識到，她已經往生。雖感不捨，心中覺得很安心，她一定見到了她母親、疼愛她的姊姊，圓滿自在。

註1——母親的斷食過程算是平順，有幾個因素：(1)除了失眠、便祕、輕度高血壓以外沒有複雜的內科重症。(2)我本身有醫師背景，能處理大部分的問題。其他家人比較安心。(3)有任何難以解決的問題，我隨時可以取得必要的醫療支援。(4)採用漸進式斷食，食用油、蓮藕粉、沾水棉棒減少很多身體不適。若家中有老弱、病重者想採用此法，建議事先找到附近提供居家服務的醫師診察，瞭解病人的病情及用藥狀況，斷食過程中有問題的話，可以尋求他們到宅服務。先決條件是這位醫師認同這樣的理念。若是有複雜的內科重症，最好尋求安寧緩和科的幫忙，也許需要住院。

註2——這是一個陪伴臨終的過程。雖然事先沒有規劃，我也沒有受過這方面的訓練，事後回想有幾點很值得安慰。(1)我們全然理解、支持母親的決定。若子女不斷勸阻，徒增長輩壓力和遺憾。也會錯失道謝、道愛的時機。(2)請母親講述自己的一生，回顧的過程是一種看見，一種放下。不論是痛苦、歡樂，失敗、成功，都被接納，終將臣服。(3)生前告別式是人生最後的畢業典禮、頒獎典禮，以家人的團結一心來送別，圓滿無憾！

第十章

生前告別式

完全不吃固體食物之後的第六天，母親的瘦削與虛弱寫在臉上。躺在床上的時間佔了大多數，連愛看的電視影集都無法讓她坐久一點。固定任何姿勢一兩個小時，都會引來肢體的酸痛。我決定要給她鎮定劑，讓她更長久的處於昏睡中，也不用再辛苦的上下床了。

在給她鎮定劑的前一晚，家人聚集在客廳辦了一個生前告別式，決定幫母親回顧她一生，將她的遺憾降至最低，讓她看見自己的價值，帶著這一生中快樂時光的記憶、我們對她的敬愛、讚美和感謝離開。

首先大兒子根據這兩週採訪的內容，照年代的先後講述母親一生的故事，除了我們三姊弟以外，女婿、孫輩等其實對母親的生平，沒有這麼瞭解。有少數內容我們三姊弟也沒聽過。在大兒子講述的過程中，時而有稱謂上的錯亂，例如：「阿嬤的先生，就阿公啦！」大家嬉笑一片；時而有內容銜接不上的，阿嬤會適時的幫忙補充。兒子在筆記電腦裡面找到那段話，馬上插播：「阿嬤用的詞句完全一樣喲。」她當初就是說：「我爸爸和先生兩個人都很在乎錢，一個錢打二十四個結。」外甥問：「打二十四個結，是什麼意思？」阿嬤說：「就是一毛不拔，錢進來容易出去難啦！我的都是他的，他的還是他的。」

母親講到她的先生和她的父親不合，總是叫她傳話去說服對方。「先生說：父親疼女兒，女兒講的話才有用。」「父親則說：先生疼老婆，你對先生講一句，勝過別人講三句。」事實上兩邊都沒在疼，她兩邊都不能說，結果兩面不是人，兩邊都挨罵，根本就是「石磨仔心」（台語）。明明講的是往日悲情，大家覺得她的說法生動、幽默，又學到有趣的台語，家人嘻嘻哈哈，沒有離別的哭哭啼啼。

受到生父和先生的壓迫是她這輩子最大的創傷，我們聆聽她的控訴，同理她的怨怒，同聲譴責我們那兩位舊時代的男性長輩。但是也勸慰母親，他們天上有知，一定是非常的後悔，也會感恩她對兩個家庭的付出。

談到我父親中風之後，有好幾年總是週期性的鬧情緒，在地上打滾或者作勢要跳樓，這我們之前都知道。但是她幽幽然說出：「我每次都要跟他下跪，才能平息他的情緒。」現場空氣瞬間凝結，母親守著這個祕密幾十年，直到要離開人世才說出來。

母親跟我提過弟弟曾經因為父親鬧脾氣要跳樓，被逼著下跪的事情。事後我問弟弟，弟弟說那是極大的屈辱。

父親有什麼資格逼自己的賢妻下跪？還不只一次！這根本是非人的待遇，聽了心如刀割。但我掩飾了我的心情。

我很高興她說出來，不要帶著這個屈辱的印記進棺材。願意說出來，被聽見、被看見，就是一種療癒。雖感到心痛和憤怒，但不想增加母親的負擔，我沒有表達我的憤怒，只是把她摟的更緊、撫摸她的頭髮，秀秀她，讓她知道我們的心疼。

母親常提到她樹葬的地點要離父親越遠越好，最大的心願就是下輩子不要再遇見他。這下所有家人都了然於心了。

家人都看見了她的委屈，疼惜她的委屈，也許這是化解她人生最大遺憾的良方。

談到她一邊做裁縫一邊盯小孩的功課，這對我而言也是新聞。我真是服了我那個老爸，他是小學老師耶，他把小孩功課丟給忙著做裁縫、家事的老婆管！有朋友說我父親大概是出身世家的紈絝子弟，文化就是這些人玩出來的。不是家庭優先，是他的玩耍優先。

之後大兒子把重點放在原本自卑無自信的阿嬤，為了訓練膽量去學瑜珈、做股票、學拼布樣樣精通的優異表現，讚歎她的樂善好施、助人為樂。大兒子說：「阿嬤你知道你最了不起的是什麼嗎？」「是什麼？」「小腦萎縮遺傳的機率是每個小孩各二分之一，你三個小孩都沒有得病，那只有八分之一的機會耶！」這點確實是母親很大的安慰，假使我們三姊弟中有任何人得到這遺傳，她都會帶著自責與遺憾的。

兒子記錄了母親要送給每位家人的叮嚀，我們每個人也都向母親表達了我們的愛，我們的謝意。告訴母親不用擔心我們，我們會努力、會互相照顧，好好的過日子。

接著弟弟用電視播放回顧母親一生的照片，人們對著鏡頭永遠都露出最燦爛的笑容，那是母親最美麗的時刻。我們看到黑白照時期母親做裁縫的身影，中年後和朋友到世界各地旅遊的歡笑，陪我和兩個兒子到美國進修的無憂無慮，和阿姨們在台灣拜訪親友的喜形於色，發病後和我們姊妹出國旅遊時有如三姊妹的合影。

不少照片是家人沒有印象的，母親一一描述當時的情景，心情是愉快的。這一生雖然辛苦，畢竟還是有許多美好的時光。

這個臨時起意的聚會，對家人和母親同樣具有深刻的意義，讓我們好好的讚美母親、道謝、道愛。而這是母親人生中唯一一次，所有家人以她為中心，陪著她看見她充滿了奮鬥、付出與成就的一生，並誠摯的對她表達我們發自內心深處的敬與愛。

而這一切源自於母親這個生於舊時代的女人，有著新時代的思維，她作主預約了自己的善終，才有這二十一天家人的親密陪伴，揮別遺憾、看見自己的價值、好好道別。好好道別是為了生死兩相安，繼續向前行，不要有任何人被卡住。

我們不是哭著在母親死後辦告別式，而是笑著在她臨終前陪她回顧艱辛但美好的一生。聚會的最後，母親說：「我很滿足！我去雲遊四海了，你們不要哭。」

母親葬禮後，一位有陰陽眼的家人說：告別式當晚她看見觀世音菩薩在陽台帶著慈悲的笑容看著客廳裡的我們。我恍然大悟，原來這是菩薩最好的安排。假若真如我當初祈求的，母親於睡夢中無病無痛往生，那一定是無預警發生。我們就沒有機會好好陪伴她，幫她解開心結，好好的道謝，與她告別。

對所有家人而言，母親在她人生的最後一哩路，幫我們上了一堂寶貴的生死學課程。讓我們見證死亡是人生的一部分，死亡可以是安詳平和的，對死亡不再有未知的恐懼，懂得珍惜、善用活著的時光，不要有遺憾，勇敢面對死亡。

註1—我個人認為死後的告別式對往生者沒有什麼意義，畢竟他什麼都看不到也聽不見了。生命末期若環境許可，辦生前告別式對往生者和家屬有很正面的影響。

1. 看見此生價值。回顧其人生，讓當事人和親友重新看見並回味其一生的辛勞、成就和歡笑。讓即將往生者感受到自己這一生的價值，為這一世的自己感動。減輕親人的遺憾和悲傷。
2. 將遺憾減到最低。人生當中總有一些遺憾、愧疚、不圓滿，利用這個機會和解、道歉、懺悔、感恩，做到放下遺憾，則生死兩相安。
3. 好好道謝、道愛。東方人對情感的表達相對保守，利用這個機會把心裡真摯的情感完全表現出來，讓往生者感受到滿滿的愛，滿足的前往下一世。

4. 不再有牽掛。現代社會，家人平常各奔東西，利用這個機會大家群聚一堂，作心靈層次的表達與溝通，可以凝聚家人的團結與感情。往生者可以交代遺願，無牽無掛的遠遊。

註2—〈醫療人員如何幫助病人善終〉，陳榮基，《安寧療護》雜誌，二〇〇一，六卷第二期，頁一二—一六。

陳榮基教授對善終的定義包括：

1. 有死之將至的認知及充分準備，對家人有妥善安排與交代，有時間與親友道別。
2. 心平氣和接受死亡，安詳辭世對生命不作無意義延長。
3. 清楚的作決定。
4. 肯定今生及對別人的貢獻。
5. 可以自由選擇死亡地點。
6. 維持去世前三天的舒適性與保持身體清潔。

第十一章

三個葬禮，三樣情

最近的八年中，家中先後經歷了父親、公公和母親的三個葬禮，三個葬禮有三種樣貌，極簡到極繁都有。

父親的葬禮是在八年前，本來妹妹已經幫爸爸買了生前契約，在討論過程中，發現很多項目我們都要取消，葬儀社說這樣不划算，所以就沒有用到生前契約，改依使用項目計價。

雖然我們沒有發訃聞，也沒有公祭，還是在殯儀館設了一個小小的靈堂，正中央擺著父親放大的遺照，兩旁有鮮花鋪成的平台。前方有五六排座位。在這個靈堂，家人有幾次聚集在此與師父一起誦經迴向給父親。

父親的遺體，過世當天就進入冰櫃，

出殯前一日有淨身、化妝、更衣，出殯那日家人瞻仰了遺容，誦經、祭拜、火化，到台北市公立樹葬場樹葬（免費）。

費用總計九萬元，有公勞保的子女各有一人可以領取喪葬補助費用，負擔不大。對葬儀社來講，這已經是最基本的儀式了。在「環保女王」我母親的眼中，還是太繁瑣、不夠環保。印象最深刻的是，每次都燒一大袋的金紙，用了不少鮮花水果和所謂的腳尾飯。

母親說：「在世吃一粒土豆，勝過死後拜一顆豬頭。」至於自己的葬禮，她從父親相對簡約的葬禮中，還能扣除不少項目。首先，她請妹妹自製壽衣，要求葬儀社派遣女性的禮儀師，由我和妹妹幫她更衣，不用禮儀師幫忙淨身和化妝。她不想被冰在冰櫃裡，當天直接入棺，不必看日子，火化場排到位置（第三天）就火化，一樣葬在台北市樹葬場。

過程中沒有設靈堂，不燒香、不燒金紙，母親交代我們用雙手拜就好。父母都是樹葬，家裡不立牌位，我們自然也不需掃墓。母親說想念她，隨時隨地都可以，不必特地到哪個場所。

母親往生後的八個小時，家人在床邊唸「往生咒」（只有佛號），學佛的朋友說靈魂離開軀體之時，沒有心力理解複雜的經文，只需唸「阿彌陀佛」的佛號。我們沒有安排師父誦經助念，頭七和滿七，家人在家中聚餐，相信母親若想見我們，一定是回到家裡來看。母親過世後的第一個農曆新年，是我出嫁後第一次和妹妹一起在初二回娘家，陪弟弟用餐、談天。以前，母親怕過年人擠人不方便，我們什麼時候回去都可以。

父親和母親都是在家中往生。父親往生時九十二歲，前一日還正常用餐。我們到管區的警察局報案，輪值的醫師半個小時就抵達了，簡單問我們這兩天的情況，探了一下鼻息、摸摸脈搏，馬上就開好死亡診斷書。母親往生後，我們打電話給葬儀社，他們有合作的醫師，也是很快就抵達，聽我講述母親小腦萎縮症二十年，最近兩個月進食困難，無法翻身，只摸了脈搏，就開具死亡診斷書，診斷就寫「脊髓小腦萎縮協調不良症」。前後十分鐘，那位醫師講不到十句話。我想他們都有豐富的經驗，一看就明白吧！

有位朋友聽說我母親的後事如此簡化，覺得完全不可思議。問我：「為何你父母完全沒有忌諱，可以接受這麼簡單的葬禮？」我想來想去，應該是因為父親是孤兒，隻身來台，一直就不必祭祖、掃墓吧！母親也算是孤女，沒有什麼包袱。這位朋友恍然大悟，她說她是金門人，從小跟著祖父母、父母遵循一大堆傳統習俗和禮節，因此看了我母親的故事衝擊很大。這點我能體會，因為我婆家也是如此。

我公公因失智而臥床十二年，農曆初三在睡夢中過世。先生打電話到警察局報案，留下地址電話。值班的衛生局醫師先來電詢問公公的情況，一個多鐘頭後來到現場看一眼就開具死亡證明。

先生有幫公公買了生前契約，葬儀社值班禮儀師很快趕到。囑八個小時不要移動大體，我從住處趕到老家，見先生的姊夫（大姑丈）用熱毛巾敷在公公臉部，幫忙把長年張開合不攏的下巴，一點一點往上推。他說是他父親過世時，他妹妹教他的，他父親也是失智臥床數年往生。

客廳已經布置好靈堂，且有布簾圍成一個空間，裡面放了冰櫃。往生八小時到，工作人員先敲了敲冰櫃的門，才打開冰櫃，安放公公大體，直到出殯日。我看到冰櫃在客廳，出殯日期選在十六天以後，非常訝異。

公婆都是客家人，葬儀社以佛教和道教的綜合儀式來安排。禮儀師解說每日上午八時以前要請菩薩（他們稱公公菩薩）起床，換洗臉水、牙刷要上新牙膏，給西方三聖（阿彌陀佛、觀世音菩薩、大勢至菩薩）和公公各上一隻香，燒一包金銀財寶（紙錢）。晚上請公公睡覺，行禮如前。每天拜飯三次，也要上香、燒紙錢。拜飯不能由家人烹煮（因家人應該悲痛得無法煮飯，還好我們有外籍看護），不能由婆婆拜，要由子孫來拜，用完的飯菜要丟棄。

公公往生，婆家決定不要驚動友人，所以只有通知公公和婆婆的手足家人以及少數幾位姻親。但是這樣也有幾十人到場，所以在馬路旁搭了棚子做告別式。那就需要整理照片來做追思影片，沒有想到公公的照片有十幾本，很多照片子孫們都沒有見過。整理照片的時候，充滿了歡笑聲，看到公婆到世界各地旅遊的照片，子女輩和孫子輩，紛紛說這裡我們也有去過，也在那裡拍過照耶！真的很超現實！

看照片的過程，大家講起往事，公公是很疼愛兒女的父親，也是很盡責的長子，每年過年都會請整個家族的人來聚餐，拍大合照。小姑說起每次去遠足，婆婆已經準備好便當和零用錢，公公總是另外塞錢給她。還說在公公心目中，三個小孩最重要，所以辛苦了婆婆。每次小孩放學回來，公公都會問有什麼點心給孩子吃呀！

我早聽說公公婆婆從來沒有罵過先生，也從來不打小孩，跟我家有天壤之別。婆婆說了個大家都忘了的故事：先生從小乖巧又會念書，有一天洗澡時，竟然在臀部發現藤條的紅印子。先生解釋是班上同學不乖，全班同學每人被打一鞭啦！公公氣得到學校去找老師理論：「怎麼可以沒有理由，亂打我的小孩！」先生當班長，必須把不守規矩的同學名單交給老師，有些同學因此霸凌他，學老師拿紅筆畫先生的臉。公公又去找老師關說：「請不要讓我孩子當班長啦！」

公公整個喪禮期間，對家屬情緒衝擊最大的是告別式前一晚的淨身。當天上午關掉冰櫃電源，開風扇加速退冰。晚上九點葬儀社推來一台很大的洗浴機器，大體放上平台以後，身體蓋著膠布，三位女性大體化妝師來幫忙淨身、按摩、更衣和化妝。每個步驟前，化妝師都會請我們過去聽她解說，或者在她帶領下做一些動作，講一些感恩的話。聽到禮儀師講話的聲調，我嚇一跳，她們都用要哭但沒有哭出來的哽咽聲和悲戚的眼神跟我們說話，我不知道是看到大體真情流露，還是有接受這樣的訓練。當場，我們很感動，也很感謝她們的辛勞。

家人輪流一一向公公跪拜，幫他淋水象徵浴足，或者是摸著鞋子、撫平衣袖，對著他講出感謝、請他放心、保佑子孫的話，多數家人都激動落淚。女婿是扶著他的雙手，媳婦是雙手捧著他的頭頂。婆婆沒有跟子女說什麼，但是看的出來這一天她的情緒比較激動，兩眼和臉部都有點腫。聽說，當晚睡前一反常態請外籍看護陪她睡。

我們感謝外籍看護這幾年的辛勞，稱讚她照顧的用心。剛開始淨身時，我們家人不太敢直視公公的大體，聚在餐廳小聲說話，總是被禮儀師要求才過去。倒是看護一直面容哀戚的在一旁看顧著，她說她把阿公當自己的爸爸照顧。她確實是照顧公公最多的人呀！

頭七和滿七，兩次的誦經儀式時間較長。頭七是誦〈佛說阿彌陀經〉，滿七是誦〈金剛經〉，還有〈心經〉、〈大悲咒〉等。我和大姑、大姑丈平常有在看佛經、抄〈心經〉，所以覺得誦經是一種能量，可以助念公公一路好走。有幾段經文，居士用唱誦的，曲調哀淒，聽了不禁鼻酸。其他晚輩完全沒有接觸過佛經，小姑信的是基督教，我倒不知道整個誦經過程，她們是何感受？不過大家都是全程配合行禮如儀，小姑不拿香，用雙手拜，大家唸「阿彌陀佛」的時候她唸「阿門」。

告別式後，直奔火化場。因為許多棺木排隊火化，我們跟公公說完：「火來了，趕快跑，安心跟著佛陀去西方。」禮儀師請我們不要回頭，向前走。那句「不要回頭」讓人心頭一驚，有家人當場落淚！

整個儀式算是功德圓滿。大家都沒經驗，其實是照著葬儀社的安排走，日子是禮儀師幫忙看的，各種儀式也都是由幾種可能性中挑選一種。我個人是希望隨著時代變遷，可以開發出更簡化、環保的方式。我覺得最值得商榷的是燒紙錢的量真是太大了，我們在住宅區，對面就是幼稚園，做七時，燒整箱的紙錢，冒的煙好大，覺得很對不住鄰居和地球。聽我有此抱怨，禮儀師說：如果辦真正的佛教儀式，就不必上香燒紙錢，但要請出家師父來誦經。我們當初並沒有充分瞭解，所以選擇在家居士來誦經，結果變成半道教、半佛教的儀式。不過，婆家向來就有點香、燒紙錢的習慣，我想這次的方式符合婆婆的想像。

整個喪禮長達十七天，幸虧大姑、大姑丈已經退休，先生是自由業，否則是不可承受之重。生前契約是十九萬元，大體淨身、冰櫃租賃、告別式搭棚、小巴租賃一天等需補七萬元，總共費用是二十六萬元。對一般家庭而言，應是不小的負擔。在資本主義畸形發展、貧富懸殊的社會裡，年輕人生活壓力大、觀念也已經改變，未來需要的應是簡單、莊嚴、環保的儀式。公墓大量的被拆除，樹葬應是最經濟、環保的。

長輩在，還是盡量符合傳統的民俗來辦。等我們自己離開時，就可以更簡化，讓子孫輕鬆點，對這個地球更友善點。傳統是可以一點一點改變的吧！

朋友問我，我自己會選擇哪種葬禮呢？我當然觀念跟母親一樣，環保優先，不要麻煩親友，越簡單越好。不過嫁到夫家，人走了，由不得自己，就隨緣吧！

註1—母親從父親的葬禮中，找到可以更簡約的方法，因為她沒有傳統的包袱，只有強烈的環保意識，以及不喜歡麻煩子孫的個性。婆婆從公公的後事，也有某些感觸。她要求女兒幫忙換上壽衣，不必清洗身體。嚴格講公公也不知道他的大體會在客廳清洗，婆婆不想有相同的經歷，完全可以理解。

第十二章

拔管善終的意外之旅

我在部落格〈阿畢的天空〉分享生活點滴有十年了，母親斷食往生是件大事，當然記錄下來發表。沒有意料到的是該文瀏覽率出奇的高、留言熱烈，有許多臉書朋友和媒體轉載。其中最特殊的回應是一位菩薩的家屬求助，讓我陪伴他們經歷了一趟拔管善終的學習之旅，凸顯社會中有許多菩薩有這樣的需求卻困難重重，每位菩薩都代表著一個家庭。

二〇二一年二月院長室轉來一封陳小姐投書。

院長您好：

家父得了大腦萎縮罕見疾病已有十年，四年前生活完全無法自理，只剩下呼吸功能和眼睛動作。台大主治醫生宣告無解，也不符合安寧病房申請條件。家父一切日常起居都由家母打理，但身體機能一天天退化，照顧變得越來越困難。家住偏鄉醫療資源匱乏，父母每天都生活在地獄之中，苦苦沒有解脫之道。近期從網路上讀到貴院畢柳鶯醫師陪伴媽媽斷食善終一文，冒昧寫信，請代為聯繫畢醫師，盼答覆，非常感謝您的寶貴時間和幫忙！

收到此信，一家人的無助如在眼前，我當晚與對方電話聯繫上。電話裡，陳太太沉重的描述其長年之困頓。

陳先生六十四歲，十年前因為情緒、語言、智力功能失常，手腳逐漸無力，四處求醫，後來確診是大腦額葉和顳葉退化的罕見疾病（Pick's disease）。發病第五年得知此病預後悲慘，與瑞士聯絡安樂死事宜，因為陳先生已經失去拿起杯子喝藥的能力，被判定不符合規定（目前運用科技只要身體任何一部分能自主動作都可以，但是要意識清楚）。

發病第六年，陳先生因為吞嚥障礙造成反覆吸入性肺炎，接受胃造口手術，當時已賴輪椅行動，大部分時間臥床，由太太一人照顧。三位子女兩位在國外，一位在外地工作。

陳太太於四年前因身心不堪負荷，拜訪了八家護理之家，感覺病人在那種環境中毫無尊嚴可言，不忍心將先生留在那裡，咬緊牙根自己照顧。聽她描述照顧內容，真是無微不至。白天每一個半小時，幫病人翻身、按摩、扶起來坐輪椅，從沒有得過壓瘡。為了怕尿布疹，只有晚上穿尿布，白天盡量抱到廁所大小解。陳先生排尿困難，她定時幫他壓尿，沒有放導尿管。每日從胃造口灌六罐營養品，中間還要補充水分。口水及分泌物易引起嗆咳和吸入性肺炎，因此住過幾次院。家裡買了抽痰機，時常要抽痰，病人牙關緊閉，抽痰需要很大耐心和技巧。一個人抱起陳先生坐在排便椅上淋浴，真是不容易啊！

陳太太獨自照顧病人十年，她說她不怕累，但不忍先生受苦，加上長期睡眠不足，對未來感到無助，常有憂鬱症狀。子女有感於父親受苦、母親受累，尊重父親早期表達的心願，期待父母能夠早日脫離苦海，但是求助無門。

我建議只要漸進式的減少灌食，一個月左右，陳先生就會安詳往生了。國外有案例直接拔管，報導是兩週後往生。家屬擔心：「停止餵食合法嗎？不會被告棄養嗎？」我告知《病人自主權利法》二〇一九年上路，嚴重失智不可復原者，本來就可以撤除維生系統啊！家屬反問：「可是父親並沒有簽署『預立醫療決定書』。」我回答：「你的母親應可代為簽署同意書。」（事後方知，這句話我說錯了。）另外的疑慮是：停止灌食以後，若病人身體不適，他們不知道如何處理？是否可尋求醫療單位幫忙？我建議就近找安寧照護的單位。

幾天後，陳太太回覆我，看診的安寧緩和科醫師回答：「妳照顧得很好呀！」這是一個軟釘子，家屬也不好意思再追問，他們仍有心結，覺得做這樣的決定是否有違倫常？我很驚訝，我看過幾本安寧緩和科醫師寫的書，都是主張嚴重失智、癱瘓臥床者，生活品質差又沒有尊嚴，不要靠維生系統延長無意義的生命呀！

我上網查看該縣市的安寧病房分布，有家醫院的副院長是我的朋友。經由這位朋友聯絡到該院安寧病房主任，主任聽我說完情況，第一句話居然是：「可是我們是急性病房耶，病人要往生前也是要送回家。」出乎我意料之外，心裡OS：「癌症末期病患臨終也是一定要送回家嗎？」我請朋友繼續斡旋，傳來的答覆更叫人無法接受：「這是加工死，不符合安寧緩和照護的精神。」這是個硬釘子，強求無用。

這條路不通，我退而求其次，想找居家安寧照護的單位，到病人家裡提供需要的幫助。上網查詢發現，縣衛生局長期照護的網頁有各行政區居家安寧照護的負責單位。我與負責護理人員通過電話以後，對方答應到宅訪視。但是家屬回報該護理人員聲稱她們的團隊沒有搭配醫師，若需要醫師施與藥物，必須照會某家地區醫院，而這家醫院的安寧緩和醫師就是當初回答：「妳照顧得很好呀！」的那位。繞一大圈竟然回到原點，我才發現自己當初太樂觀了。

陳先生在國外的兒女已經請假回國，正值疫情時期，要隔離兩星期，只能在台灣停留一個半月，之後回外國還要再隔離兩星期。在我的建議下，灌食量已經由六罐減到兩罐。時間緊迫，我發現事態嚴重，備感壓力。

在一次醫師朋友的聚會中，我分享了這個惱人的經驗，抱怨為什麼政府討論多年才實施的病人自主法，安寧緩和醫療團隊沒有配套服務的共識？我想幫助病人拔管善終，處處碰壁。一位有法律學位的醫師告訴我：「病人自主法只適用於二十歲以上有行為能力者。失去意識、無行為能力者，家屬不能代簽同意書喔！」

「怎麼會？那麼多因為急症或重傷而昏迷的病人都是由家屬決定放棄維生系統的呀！」

「那是依據《安寧緩和醫療條例》，病人昏迷時家屬可以簽署同意書拒絕急救，撤除維生系統。但是安寧緩和條例只適用於末期病人，植物人不屬於末期喲！」

我為了助人，只注意合情、合理，還好朋友的提醒讓我瞭解到法律的層面如此複雜。

病人自主法只適用於有自主意識者，那麼那些已經插管臥床、無行為能力的數十萬人，就無路可走、無法可管了嗎？病主法怎會遺漏最迫切需要的這群人？二〇一九年施行的病主法沒有昏迷病人家屬代簽的同意書，二〇〇〇年施行的安寧緩和條例才有。真是令人混淆的邏輯！

上網查到《安寧緩和醫療條例》內容：

末期病人：指罹患嚴重傷病，經醫師診斷認為不可治癒，且有醫學上之證據，近期內病程進行至死亡已不可避免者。

維生治療：指用以維持末期病人生命徵象，但無治癒效果，而只能延長其瀕死過程的醫療措施。

同意書：末期病人無簽署意願書且意識昏迷或無法清楚表達意願時，由其最近親屬出具同意書代替之（配偶、父母、子女、孫子女）。同意書不得與末期病人於意識昏迷或無法清楚表達意願前明示之意思表示相反。

這裡面有兩個模糊地帶，「近期內病程進行至死亡已不可避免者」要如何定義？有人說是一年內，有人說半年內。這需要兩位醫師來判定。也有專家說永久植物人不算末期。以我的觀點覺得荒謬，永久植物人若不是靠著他人二十四小時悉心的照顧，若無管灌餵食，哪一位能活超過半年？只要稍有疏忽，病人就可能因吸入式肺炎、尿道炎或壓瘡導致敗血症而亡。已經失去所有自主功能的植物人，為何不是末期患者？

另一個問題是維持病人生命象徵的「維生治療」包括哪些？根據《病人自主權利法》第三條第一項，定義為「任何有可能延長病人生命之必要醫療措施」，例如：心肺復甦術、機械式維生系統、血液製品、為特定疾病而設之專門治療、重度感染時所給予之抗生素等，即為維持生命治療。並沒有名列管灌餵食這個項目。依據病主法簽立「預立醫療決定書」時，在維生治療以外，增列「人工營養與流體餵養」這個選項，立意願書人可以選擇拒絕或撤除之。二〇二一年新修正的安寧緩和條例，對於「維生治療」仍沒有明確定義是否涵蓋管灌餵食。

一位安寧緩和醫師建議我不能因為家屬要求拔餵食管就幫忙拔。有可能家屬事後心理過不了那個坎，反過來告你幫忙拔管害死了親人。移除餵食管，醫師沒有法律的保障，幫忙撤除呼吸器等才有法律保障。如果非要拔管，最好請家人給予「細心手工餵食」，病人不是被棄養、餓死的，以避免爭議。還強調細心手工餵食沒有鼻胃管危險，並不會增加吸入性肺炎的危險。不過需要專家指導執行。我看陳先生牙關緊閉，幾乎不可能。也只能信任家屬不會反悔了。

不得已，打電話給素未謀面、長期推廣末期病人不要以插管延長無意義生命的陳秀丹醫師。陳醫師的理念和我契合，兩人相談甚歡。她的建議是請病人到她執業的醫院住院（宜蘭陽明附設醫院），她會給予完善的臨終治療，包括家屬的心靈治療。可惜陳先生住在桃園，路途遙遠，家屬覺得有困難。我拜託她轉介在桃園服務的醫師幫忙。

等待的期間，陳太太也在想方設法。陳先生曾經在醫院被感染肺結核，附近衛生所護理長定期送藥來並訪視（療程九個月），與她很熟。護理長認同陳家人的想法，願意幫忙聯絡離家僅四公里的地區醫院，希望能安排住院。我覺得停止灌食以後的臨終照顧，沒有那麼複雜，不是非要住安寧病房不可。離家這麼近，倒是很大的優點。就靜待消息吧！

又隔一週，陳家兩位兒女已經結束隔離回到家，親朋好友也來參加過簡單的生前告別式了，灌食減到一瓶，病人越來越虛弱。護理長傳來一切得照規矩的訊息，言外之意，是找不到醫師願意收容。陳太太已經作最壞打算，跟我說：「不得以，就自己來吧！」相對於我的奔走引起的焦慮，陳太太的心情必定如熱鍋上的螞蟻，萬般煎熬。

在一籌莫展之際，接到陳秀丹醫師傳來台北榮總桃園分院安寧緩和科杜俊毅醫師願意幫忙的資訊，有如及時雨。陳太太立即掛好號，帶著病歷摘要、陳先生五年前親手簽名「我不急救」的字條還有陳先生現況的錄影去就診。杜醫師詳細問診、審閱資料後，當場開了住院單，第二天就可入住該院安寧緩和病房。我聽了回報如釋重負，陳太太也說：「菩薩有聽到我們的祈求，終於碰到貴人了。」

住院後，醫護人員幫陳先生做了詳細的評估，確認其病況惡化，經常有併發症出現，符合失智症末期診斷。安寧團隊（醫師、護理師、心理師、社工師、宗教師）陪同陳太太與三位孩子視訊開家庭會議，回顧病人生病的歷程、偏好與價值觀。病人消化功能已逐漸惡化，灌食無法帶來好處，而喪失各種功能的生活品質也帶給他很大的痛苦。因病況為近期內病情進展到死亡已不可避免且生活品質過差，考量病人的最大利益後決定選擇安寧療護與舒適護理，於照護期間為減輕病人之生命痛苦，將停止管灌餵食以免延長病人瀕死過程。

住院中陳先生經安寧團隊細心照顧後身體不適得到緩解，神態平靜，有時眼神望著太太似乎也透出些許安慰之意。住院第二天以後停止管灌餵食，並持續口腔護理，口水與痰液逐漸變少，減少了抽痰的痛苦，維持原口服藥治療譫妄與失眠、加強腹部按摩協助排便；第八天確認口服藥轉為針劑效果相同後，移除胃造口；照護過程團隊成員時時關心引導太太與孩子們透過四道人生的方式（道謝、道愛、道歉、道別）與病人進行心靈的交流，並彼此互相支持。團隊心理師更透過尊嚴治療由每位家屬寫下陳先生的生命故事搭配照片，精心製作「生命之書」，由家屬留念珍藏。住院後第十天，全體家屬陪伴在側時，陳先生安詳往生極樂世界！阿彌陀佛！一切圓滿。

這些願意在安寧緩和病房提供慈心服務的工作人員，真是人間菩薩。

陳太太寫了一段話給我：

十年過來，不是親身經歷，是無法體會的。這幾年無助的我只能聽天由命。感謝上天，在網路看到畢醫師的報導，好像大海中的浮木，內心的激動不可言喻。幾年來我硬撐著自己照顧，有時候真擔心自己先走了。既然安樂死還不能立法，拔管運動是莫大的善事，期望畢醫師推行順利。將來有機會，我願意幫助有需要的人。

尋尋覓覓三個月，事情終於塵埃落定。寫得這麼詳細，就是要凸顯這件符合基本人權的善終之路，好不容易全體家屬有共識的情況下，還是走得這麼艱辛。

註1—〈一末期失智個案之居家安寧照護經驗〉，《台灣家醫誌》，二〇一八，第二十八期，頁四五—五三。

對病人來說，放置鼻胃管很不舒服，長期放置鼻胃管仍有吸入性肺炎的機率。在吞嚥障礙的早期，「細心手工餵食」是一個可考慮的替代方案，其執行原則如下。（若有疑問，可徵詢復健科語言治療師。）

1. 在清醒與身體功能較好時進食。
2. 照顧者與病人面對面坐，餵食全程要非常專注。
3. 餵食前需做好口腔清潔及潤濕口腔。
4. 病人保持上半身直立，脖子微微前傾，此姿勢可避免被食物嗆到。
5. 選擇病人喜歡的食物與用餐環境，可與家人或朋友一起用餐，增加用餐的愉悅度。
6. 重視食物的感官刺激（視覺、嗅覺、冷熱、味覺……等），提高病人食慾及吞嚥能力。
7. 注意食物的形狀、濃稠度、濕度、軟硬度及沾黏度等，盡可能的均質。
8. 可減少單次食物份量，少量多餐，每一口的大小要小於一茶匙，盡量定時定量。
9. 可搭配濃縮的高蛋白質、高熱量營養配方，增加營養素及熱量的補充。
10. 若會嗆咳則可於液體食物中添加增稠劑，如蓮藕粉或是藥局出售的快凝寶等。
11. 避免急迫或強迫性餵食，餵食每一口之前，需確認口腔內已沒有殘餘食物。
12. 照顧者要留心病人所發出的非語言訊息，以瞭解他是否有吞嚥困難或噎到的情況。
13. 使用飲食輔具，例如特殊容器、單向吸管或防滑墊……等。
14. 餵食後，可將床頭抬高至少三十度且至少維持　小時，避免食物或胃酸逆流。

註2—《向殘酷的仁慈說再見：一位加護病房醫師的善終宣言》，陳秀丹，三采文化，二〇一〇。

註3—所謂的「拔管運動」，是我和陳太太提過的一個想法，希望未來各縣市有類似需求的病人都能找到理念相同的醫護團隊順利完成。《病人自主權利法》上路，意識健全的人若懂得事先簽署「預立醫療決定書」，有機會避免插管長期臥床的悲慘命運。已經插管臥床的數十萬人，理應也有相同的善終權，且是迫在眉睫的大問題，應該盡快處理，以減少社會悲劇和醫療資源的浪費，目前卻是無法可管。陳先生是老天安排的菩薩，讓我在學習過程中，理解到善終之路困難重重，最主要原因竟然是法規仍有疏漏之處，造成安寧緩和醫學界認知不同、作法不同。這是未來需要努力的方向！

第十三章

善終權利立法進化史

善終，顧名思義就是好死（a good death），沒有痛苦的死亡。

在二十世紀中葉以前，由於人民生活困苦，醫療不發達，若得了難以救治的疾病或年老體衰，多數人都在家中安詳往生，也就是所謂的壽終正寢。二次大戰以後，社會經濟好轉，人民教育普及，醫療科技能救重症，平均壽命延長，有越來越多的人在醫院死亡。到二十一世紀，據日本統計有百分之八十的人在醫院或機構死亡。

我行醫的前二、三十年（一九八〇年大學畢業），上班時間醫院不時響起999（救救救）或9595（救我救我）的廣播，醫師、護理人員聽到這廣播就全身警戒，靠近該病房的醫護都衝過去支援。後來甚至成立了專門負責急救的團隊。醫院裡幾乎所有呼吸、心跳停止的病患都要被心肺復甦術（CPR，Cardio-Pulmonary Resuscitation）伺候。本來心肺復甦是用在有緊急狀況，譬如：溺水、失火、噎住、車禍、中毒、重擊、昏迷等意外事故，多半病人的性命是可以急救回來，得到功能復原的。但是在醫院裡，連疾病末期、命在旦夕，就算急救回來也活不了幾天的病人，也被極力搶救。整個過程通常長達半個小時，年輕醫師跳上病床幫忙壓胸（體外按摩心臟，目前已有機器代勞），其他人幫忙插管、壓甦醒球（打入空氣）、吊點滴、打強心針、電擊，常常病人死了一陣子，才由主治醫師宣告不治。需要急救半個小時或更久的，許多是不必要的，目的是等家屬趕到或安慰家屬醫護已經盡力，也有家屬不放手堅持無論如何救到底的。

曾經服務於台大外科加護病房的黃勝堅醫師就曾表示，老師交代：「醫師的天職就是要救人，拚了命的救！」然而，老師卻沒教過我們，當面對醫療極限，病人救不回來了，要怎麼辦？有一次急救超過半個鐘頭了，病人的妹妹挺身出來要求：「黃醫師，你們辛苦了，請放手吧，我不要姊姊再受煎熬了！」他才醒悟「救人天職」四個字像緊箍咒似的盤據他的腦海，讓他停不了手。結果病人已經肋骨被壓斷、胸部被電到燒焦、口吐血水了。

最近十幾年，醫界逐漸出現反省聲浪，如今我們稱這是「死亡全餐」的酷刑。熟諳醫院文化的醫療人員，都聲明自己可不要這麼痛苦的死亡，例如日本的中村醫師在《大往生》書中闡明不要「醫療死」，前健保局長葉金川醫師在遺書聲明：「若我昏迷了，你們可不要聯合醫師來凌遲我。」台大醫學院前院長謝博生教授，晚年推廣善終，希望避免無效醫療，減少社會、家庭、醫療成本的浪費。半夜發生嚴重腦中風，家屬依其生前意願未送醫治療，在家自然死亡，大體捐贈台大醫學院解剖學系，當大體老師。從報上得知謝教授驟逝的訊息，非常難過，事後知道他的抉擇，很欽佩他與家人的智慧。

醫療科技進步，健保實施以後，家家戶戶幾乎都有過年長者或重症者臥床多年才離世的慘痛經驗，這些長期臥床的菩薩，以肉身幫眾多家屬上一堂生死課程。家人都感受到自己將來絕對不要如此歹活，民眾對善終的需求，日益迫切。《天使走過人間》的作者羅斯醫師早在一九六九年就出版了《論死亡與臨終》，強調臨終照護、尊嚴死亡的重要，台灣的醫界何時才開始有這樣的觀念呢？以下分六階段來探討。

第一階段：有限的安寧緩和醫療照護

安寧療護的觀念由少數專家在一九八〇年引入台灣，一九九〇年淡水馬偕醫院開辦台灣第一家安寧病房，一九九九年台灣安寧緩和醫學學會成立，這是第一個重視末期病人舒適與尊嚴的醫療專科，也是台灣醫界關懷病人臨終品質的第一階段。在安寧病房，疾病末期的病人可以得到減緩疼痛、提高生活品質的照顧，不必接受死前的急救，以及其他無效的延命治療。但其適用對象以癌症末期病人為主。

世界衛生組織對安寧療護所下的定義為：

> 對當今科技已無法治癒的末期病患及其家屬提供整體性的照顧，藉著解除疼痛及其他不適之症狀，並統合心理、社會及靈性層面之照顧，來提升病人及其家屬的生活品質。
>
> 安寧療護肯定生命的意義，但同時也承認死亡為自然過程。人不可加速死亡，也不需無所不用其極、英雄式的拖延死亡過程。醫療團隊協助病人緩解身體上痛苦的症狀，同時提供病人及家屬心理及靈性上的支持照顧，使病人達到

最佳生活品質，並使家屬順利度過哀傷期。

此階段由安寧照護團隊來推動、執行有品質的臨終照顧，然而並非所有醫療院所都提供此種服務。其他科別的醫護人員對於如何提高臨終病人的生命品質沒有充分的認識，仍存在著醫者首要任務是救活病人、死亡是醫療失敗的迷思。隨著醫療科技的進步，一九九四年健保的實施，越來越多重症者被救活，靠著維生器械躺在床上沒有品質與尊嚴的歹活。接受安寧療護照顧的病人，佔死亡人口極少的比例。

第二階段：《安寧緩和醫療條例》實施

《安寧緩和醫療條例》於二〇〇〇年公告施行，這是台灣第一個保障「病人自主權」的法律，其適用對象僅限末期病人，需兩位醫師判定其資格。病人可以簽署「預立安寧緩和醫療暨維生醫療抉擇意願書」，可以逐項勾選(1)接受安寧緩和醫療。(2)不施行心肺復甦術。(3)不施行維生醫療。(4)同意將上述意願加註於健保卡。

安寧緩和意願書最早施行在癌症末期的病人，病人簽署意願書表明放棄痛苦但無效果的癌症治療，接受緩和治療，減輕痛苦。臨終不接受心肺復甦術（DNR，do not resuscitate），也不接受無效的維生治療。若病人意識喪失，家屬可以代簽同意書，放棄以上無效醫療和急救。

二〇〇九年安寧緩和健保給付對象增加了八大非癌疾病。(1)老年期及初老期氣質性精神病態（各種失智症）。(2)其他大腦變質，如嚴重腦中風、腦傷、大腦退化性疾病等。(3)心臟衰竭。(4)慢性氣道阻塞。(5)肺部其他疾病。(6)慢性肝病及肝硬化。(7)急性腎衰竭。(8)慢性腎衰竭。前章所提陳先生符合第(2)項。但是小腦退化、運動神經元疾病、周邊神經及肌肉的退化疾病等等並未羅列在內。既然已經「末期」，又何必限制需要符合哪種疾病診斷？徒增困擾。

據統計，安寧緩和條例實施二十年時（二〇一九），簽署過安寧緩和意願書者，佔成年人口的百分之〇．〇三。如果事先簽署意願書，加註在健保卡，即使不是住在安寧病房，其他科醫師仍可遵照病人之意願，在疾病末期不幫病人做無效的心肺復甦和維生治療。可惜簽署這條法案的病人不多，若有任何家屬不願放棄，醫師只能採取盡量救活的手段，以避免日後被告。

如前所述，疾病末期的定義模糊，完全掌握在醫師的主觀認定。真的是「先生緣，主人命」，病人臨終會遭受什麼待遇，就要看主治醫師的醫術和價值觀了。

第三階段：《病人自主權利法》實施

善終之路路迢迢，安寧緩和條例實施後又過了十六年，才有保障範圍更大的《病人自主權利法案》通過。三年後的二〇一九年一月公告實施，其適用的對象除了「末期病人」以外，增列了「不可逆轉昏迷」、「永久植物人狀態」、「極重度失智」共四類病人。民眾可以簽署「預立醫療決定書」並加註於健保卡，選擇遭遇上述各種狀況時拒絕或接受(1)維持生命醫療或(2)人工營養及流體餵養。

二〇二〇年一月，在國人爭取下追加十一種罕見疾病：脊髓小腦退化性動作協調障礙、亨丁頓氏舞蹈症、脊髓性肌肉萎縮症、肌萎縮性側索硬化症、裘馨氏肌肉失養症、肢帶型肌失養症、Nemaline 線狀肌肉病變、多發性系統萎縮症、囊狀纖維化症、原發性肺動脈高壓及遺傳性表皮分解性水泡症。前八項是屬於神經肌肉系統的退化性疾病，發病後病人逐漸失去行動、語言、吞嚥能力甚至是呼吸功能，死亡前可能臥床插管數年，生活品質極差。疾病有千百種，任何疾病診斷的限制，都是一種官僚的干預。譬如常見的多發性硬化症和陳先生的 Pick's disease 就未被列入。

病人自主法與安寧緩和條例最大的不同，除了適用對象疾病種類擴大範圍以外，最主要是時程上提前數個月甚至數年。自主權之行使不受限於疾病末期——病人近期內死亡已不可避免的短時間內（一般解釋為半年）。病主法規範下，上述各種神經肌肉退化性疾病的病人，在需要人工技術以維持生命的時候，就可以選擇拒絕。譬如我母親因為小腦萎縮進食很容易嗆咳，雖然藉著管灌餵食可以獲得營養，但是此疾病並無治癒可能，身體失能只會越來越嚴重，她可以簽署「預立醫療決定書」，選擇拒絕插鼻胃管，不再進食。如果她願意插鼻胃管，我推測：她可能要在床上躺五年以上。如果她插了鼻胃管，事後想拔管善終，在僅有安寧緩和條例的年代，必須拖到疾病末期，短期內就有生命危險（例如肺炎、壓瘡感染導致敗血症），才得以拒絕心肺復甦和維生治療以求善終。目前因為有病主法，她隨時可以選擇移除鼻胃管，不過還是要通過兩位以上醫師以及倫理委員會的審查。

劉育秀女士二十七歲確診小腦萎縮症，在病人自主法通過以後，與其他朋友極力奔走促成了上述十一種罕病列入適用範圍的義舉。法案通過後，她預立決定書，表達疾病晚期不接受維生治療與管灌餵養的意願。疾病後期，因為吞嚥困難，嗆咳難受，容易引起肺炎，她改變了意願書內容，接受鼻胃管的管灌飲食，於三十六歲時因病情惡化，在安寧病房安詳往生。所以簽署醫療決定書後，因為人生規劃的改變，是可以要求變更選擇的。

然而，病主法只適用於「二十歲以上」的「有行為能力者」，若發生急症或者重傷而失去行為能力，家屬無法代簽同意書，只能拖到末期選擇沿用安寧緩和條例。我相當意外病主法沒有依循安寧緩和條例，建立失去意識者由家屬代簽同意書的機制。這造成兩大缺失，(1)目前已經無意識的數十萬臥床者，無法解套。(2)尚未簽署意願書的廣大民眾，若臨時發生重大傷病靠維生治療延命者，急性期家屬可能抱著希望不放棄，一旦拖到晚期成為狀況穩定的臥床者就無法撤除維生系統，除非其病況惡化到近期內死亡已不可避免的末期。

自主權利法的實施，是為了保障人民的善終權，但是設了兩大門檻：首先是未滿二十歲者被排除，其次是意識清楚時必須先簽好「預立醫療決定書」。問題是知道有這法規的人不多，真正找了兩位證人一起去醫院掛號簽署意願書的人更少（實施三年來，累計只有三萬多人簽署）。這使得辛辛苦苦爭取而來的善終法，並未真正造福多數的人。所以如何推廣，成為當務之急。將法規修得更完備，也有迫切的需要。

第四階段：被動安樂死（Passive Euthanasia）

廣義的安樂死包括被動安樂死、醫師協助死亡（Physician Assisted Dying）和主動安樂死（Active Euthanasia）三種。一般所指的安樂死是指後兩者。

被動安樂死是指放棄無效醫療，不給予或撤除維生系統，進而造成病人的自然死亡。這在歐美許多國家都是合法的。以美國為例，若病人在醫療救治之後，病人依賴維生系統存活超過一定時間，醫師認定病人並無復原可能時，其代理人可以決定撤除維生系統，免除病人痛苦。早在一九九〇年，有一位三十二歲的植物人南希·克魯桑臥床七年後，其父母向法院提出終止管灌餵食的申請，後經無利害關係的三位朋友作證，病人不願意以此狀態存活，法院准許拔除其鼻胃管，南希於十二天後死亡。

在台灣，安寧緩和條例和病人自主法都保障了末期病人或極重度失能者可以放棄或撤除維生系統，結束無意義生命的權利，這就是一種被動安樂死。假如《病人自主權利法》增加「失去意識者可由家屬根據其生死觀代簽同意書」以及「有自主判斷能力之未成年人其家屬或監護人得根據病人意願簽署同意書」，那麼其保障的範圍就更完整了。

在所有先進國家被動安樂死已經都合法的現在，目前依賴管灌餵食或呼吸器臥床的數十萬人，只因在喪失意識前沒有簽署意願書，又不被視為末期病人，竟然沒有被動安樂死的權利，這是我國亟待解決的家庭、社會、經濟、醫療問題。

以目前台灣的立法狀態，也許前一章所提到陳先生的例子，是解決的辦法之一。先行漸進斷食，當病人身體虛弱進入「末期」，再尋安寧緩和團隊照顧。因是末期，家屬就有代簽同意書的權利。先決條件是家人有共識，其次是要找到認同此理念的醫師幫忙。

第五階段：醫師協助死亡（Physician Assisted Dying）

醫師協助死亡是指醫師或醫療工作者對於符合安樂死對象提供致死藥物，由當事人自行服用，在短時間內達到死亡的目的。目前施行的國家包括瑞士、奧地利、芬蘭、紐西蘭、德國、澳洲數州，以及美國華盛頓特區和奧勒岡、華盛頓、蒙大拿、佛蒙特、加利福尼亞、科羅拉多、夏威夷、紐澤西、德克薩斯、緬因等州。

實施基本條件包括：(1) 當事人具有不可忍受之身心痛苦。(2) 當事人的疾病無法治癒。(3) 當事人反覆自主提出要求。(4) 經過兩位以上醫師評估。(5) 通過倫理委員會的審查。

一些倡導協助死亡的人士強烈反對使用「協助自殺」這樣的詞語；因為「自殺」這個詞語充滿負面影響，無法反映那些絕症患者追求平和死亡的境況。以加州為例，其法案就名為「Physician Aid Dying Law」（《醫師協助死亡法》）。美國最早的醫師協助死亡法案是一九九四年奧勒岡州舉辦公投通過的《尊嚴死亡法》（Death with Dignity Act）。加拿大使用的名稱是「Medical Assistance In Dying」（MAID，醫療協助死亡）。

瑞士的「醫師協助死亡」最為人所熟知，原因之一是其施行對象包括外國人士。然而瑞士並未制定相關的專屬法令。早在一九四二年瑞士刑法第一一五條規定「出於利己動機唆使或幫助他人自殺，致他人因此自殺或自殺未遂者，處五年以下有期徒刑或罰金」，換句話說，基於人道思想幫助病人擺脫病痛折磨者應視為不違法。所以瑞士算是最早「不禁止」醫師協助死亡的國家，但是沒有安樂死法案。近年來瑞士政府多次嘗試立專法，因為正反意見僵持不下，最後都擱置了。

一九八二年解脫協會（EXIT）在瑞士成立，這是全世界第一個協助死亡的民間組織。之後尊嚴協會（Dignity）、生命週期協會（Life Circle）、精神永在財團（External Spirit）、解脫國際協會（EXIT International）與自由生命協會（Associazione Liberty Life）等相繼成立。有些協會接受外籍人士的申請，提供協助死亡的服務。

傅達仁先生加入尊嚴協會成為會員後，於二〇一八年六月口服醫療人員提供的強效安眠藥物，三分鐘以後在深度睡眠中安詳往生。

尊嚴協會成立於一九九八年，到二〇一七年為止的十年間執行了二千四百零三例的協助死亡，瑞士籍僅一百七十三人，外籍人士達二千二百三十人，其中以德國的一千一百五十人為最多，其次為英國人和法國人。

德國在二〇二〇年解除了刑法中協助死亡的禁令，只是不處罰，並非有完善的安樂死立法，與瑞士類似。一般民眾不容易就近找到願意幫忙執行的德國醫師，所以多數民眾仍是向瑞士的協助死亡組織申請，也有德國醫師在瑞士設立協助死亡組織，病人可以在德國家中執行安樂死。

在台灣反對安樂死立場最鮮明的是安寧緩和醫學學會，該醫學會在二〇一七年公開發表「安樂死及醫師協助自殺」立場聲明書。

其中一條內容是：「本學會不支持安樂死和醫師協助自殺。刻意結束病人生命，不是解決病人痛苦的好方法，反而可能讓病人失去妥善緩解痛苦的機會。」推測其意旨是安寧緩和或其他的醫療有妥善緩解病人痛苦的方法，安樂死讓病人輕易選擇死亡而失去嘗試的機會。

安寧緩和醫療在台灣發展後，有許多病人在安寧緩和的身心靈照顧下安詳往生，其貢獻有目共睹。然而醫師不是神，醫療有其極限。以傅達仁先生為例，他長期接受安寧緩和醫療協助，但是其痛苦仍然難以忍受，甚至曾經因為對嗎啡過敏，產生嚴重的副作用。

澳洲植物學大師古道爾博士（David Goodall）以一百零四歲的高齡遠赴瑞士尋求協助死亡以求解脫，他的理由是：身體衰老、視力減退、不能再進行研究、不能做喜歡的事情（譬如看植物標本、閱讀、看戲劇）、不能開車、不能旅行、生活品質差、生存沒有意義。以上的困境都不是安寧緩和醫療可以提供幫忙的。對多數人而言，「自由」、「意義」與「尊嚴」是人們賴以生存的基本價值。

聲明中另一個反對理由是：「安樂死和醫師協助自殺」不符合醫學專業及醫學倫理。即使未來立法通過，醫師有權不參與或執行「安樂死和醫師協助自殺」。安寧緩和醫療團隊亦不應負責監督或執行這種處置。

針對這點我的想法是：每位醫師有不同的信仰和價值觀，我認同即使安樂死合法化，醫師絕對有不參與或執行的自由選擇，然而我不認為醫學會有權要求所有會員不得參與或執行。從醫療角度來看，安樂死的執行倒是不需要安寧緩和的專業照顧，應該是專門執行的團隊就有能力全程處理。

至於違反醫學倫理這點，倫理的標準是隨著時代改變的。由於西方國家民眾要求通過安樂死立法的呼聲越來越高，通過立法的國家也在二十一世紀快速成長。有鑑於部分醫師團體仍然持反對意見，世界醫師大會（World Medical Association，WMA）在二〇一七年的日內瓦宣言就對醫師誓言做了以下的修正。(1)病人健康與「福祉」是我的首要顧慮，增加了「福祉」兩個字。拯救病人的生命，不是醫師唯一的任務，協助平穩死亡也是醫療的一部分。(2)加入「我將尊重病人的自主與尊嚴」這一條。強調病人自主權的重要。過去「生命權」神聖不可侵犯，隨著時代的改變，生命徵象的存活以外，品質與尊嚴更形重要。可以預見，未來尊重病人的

「死亡自決權」，將是醫學倫理的重要一環。

歐文．亞隆與太太瑪莉蓮．亞隆（Marilyn Yalom）合寫了《死亡與生命手記：關於愛、失落、存在的意義》（*A Matter of Death and Life: Love, Loss and What Matters in the End*）一書，記錄瑪麗蓮罹癌到過世的兩人互動與心路歷程。瑪麗蓮的癌細胞長在骨頭裡，非常疼痛。夫妻倆感情至深，一輩子鑽研死亡恐懼的歐文事到臨頭，竟無法坦然面對妻子的死亡，期待瑪麗蓮撐著多活一天是一天。瑪麗蓮在疾病末期用了很強的止痛劑和嗎啡，整日昏昏沉沉，兒子有重要事情需請教她也找不到機會。稍微清醒時，又疼痛難忍，最後不敵痛苦，要求執行「協助死亡」。他們住在加州，醫師來到家中，提供一杯藥物，虛弱的瑪麗蓮用吸管喝完藥物。歐文與家人在旁陪伴，看著瑪麗蓮呼吸越來越微弱，數到第十四下時，呼吸停止了。

歐文若理性回顧，應該可以看得出來，瑪麗蓮努力多撐著的那些天是活受罪。這個發生在精神科醫師身邊的真實故事，反映出安寧緩和照護無法解決所有的痛苦，嗎啡的使用有其副作用（昏沉與疼痛交織的日子，對病人與家屬而言，徒增折磨）。在美國加州高品質安寧緩和醫療的幫助下，有時候「協助死亡」仍然有其必要。

台灣安寧療護之母趙可式教授曾經兩次極力阻擋《尊嚴善終法》通過，最近多次在媒體報導中表明她以後不會再擋了。趙教授本身也是癌症病人，她知道自己有足夠的資源，可以找到照護品質優良的安寧緩和病房得到善終，但是她認清目前安寧緩和醫療的品質良莠不齊、服務量嚴重不足，她不忍心那些沒有資源的普羅大眾不得善終，她希望民眾能夠有安樂死這項選擇。

家屬或許有種種理由不忍心放手，醫界認為救人才是自己的職責。假如安樂死公投的題目不是關乎自己親愛的家人或是醫師所照顧的病人，而是關乎當事人自己：「如果你是那個身上插滿管子、在床上大小便、毫無行為能力、四肢蜷曲僵硬、每日生活範圍就在一方小床上的人，你希望安樂死嗎？」我相信當事人的答案絕對是肯定的。

第六階段：主動安樂死（Active Euthanasia）

主動安樂死是指在當事人清楚表達意願並符合相關條件的前提下，由醫師直接施打藥物導致死亡。目前立法實施的國家有荷蘭、比利時、哥倫比亞、盧森堡、加拿大、西班牙等六個國家，在這些國家，醫師協助死亡當然也是合法的。

荷蘭於二〇〇一年通過安樂死立法，二〇〇二年開始實施，是全世界第一個可以執行主動安樂死的國家，其法案名稱為《應要求終結生命與輔助自殺法》。對象基本上為十八歲以上的病人，十二至十八歲的未成年病人，需要雙親之一或監護人參與討論或同意。目前正在研議沒有病痛的老人也可以納入安樂死條件。

二〇一七年荷蘭共執行了六千五百八十五件安樂死，佔該年總死亡人口的百分之四．四，其中二百五十人（百分之〇．三八）是自行服藥，其餘都是醫師直接施打致死藥物。百分之八十的案例是在病人家中執行。各項研究顯示，安樂死沒有被濫用的現象。

即使在開放的荷蘭，申請安樂死的人當中，僅有將近一半通過審查。二〇一五年荷蘭安樂死人數五千五百一十五人，佔死亡人口的百分之三．七五，但是有二千六百八十人自行安樂死，佔死亡人口的百分之一．八二。所謂的自行安樂死包括絕食和服用過量藥物等自殺的方式。目前的狀況是法規仍太嚴，無法滿足大部分有需求者的「死亡自決權」。

比利時於二〇〇二年通過安樂死立法，其允許安樂死的條件與荷蘭相似，更寬容之處是「具備判斷能力的未成年者」只要符合條件，亦能接受安樂死。

比利時通過安樂死法案前一年的民調顯示，百分之七十五的民眾支持安樂死。台灣同志諮詢熱線協會於二〇一七年發布「安樂死合法化相關議題看法調查」問卷，結果顯示超過九成（百分之九十二）的民眾表態支持台灣通過安樂死合法化。

台灣的尊嚴善終草案曾於二〇一九年十一月於立法院一讀通過，由於未能在該會期完成三讀。必須重新提案，重新三讀通過才能實施。《尊嚴善終法》的條文，請看附錄四，涵蓋輔助死亡與主動安樂死兩種方法。

世界各國即使是通過安樂死立法多年的國家，都持續有反對安樂死的聲音，最主要來自宗教界和醫師團體，然而支持安樂死的醫師有越來越多的趨勢。針對這點我的看法是，宗教界有權主張反對安樂死，其教徒有權選擇是否要遵守教條，但是宗教界沒有資格主張其他宗教信仰者沒有安樂死的權利。同樣的，我認同醫師有權拒絕執行安樂死，但不宜反對民眾有選擇安樂死的權利。雖然民眾生病會找醫師治療，民眾的生命自主權醫師應該予以尊重，醫師沒有剝奪的權利。

另一個反對安樂死的理論是擔心「滑坡效應」（slippery slope）。倡議者主張若安樂死立法通過，弱勢者可能因擔心造成家人及社會的負擔而有死亡是其義務的感受，或者家屬以及社會強制弱勢者應選擇安樂死。荷蘭和美國的統計發現，希望接受安樂死者以高學歷人士居多，並未發生貧困階級、少數民族、身心障礙者與精神疾病患者被迫接受安樂死的滑坡現象。

以台灣目前仍有長期臥病家屬不願意放手的民風看起來，這種機會不高。何況《尊嚴善終法》的規定相當嚴格，有重重的關卡。反對安樂死的人士對施行安樂死有的這些疑慮也只需要有相對應的預防措施，不必因噎廢食，剝奪其他需要者的生命自決權。

《病人自主權利法》已經實施三年，假如我們可以接受幫病人撤除管灌以及維生醫療的被動安樂死，為什麼不能接受這些病人臨終仍有痛苦的情況，給予注射安眠藥或鎮定劑讓其在幾分鐘內平穩死亡？非要病人撤除維生醫療後再撐數日、數週才走。病人臨終最後一哩路，醫師願意給嗎啡等鎮定劑讓病人沉睡數日，不願意提高到致死的劑量，堅持的是什麼？有醫師說：「我堅持的是醫師不能殺人。」我的想法是：「病人是因為疾病而死亡，不是醫師殺死的。在病人斷氣以前的死亡過程，也屬於醫療的職責，醫師只是縮短死亡的歷程，那是助人、那是慈悲。」並未違背醫師天職是「行善」的醫師誓言。

另外一個常見的反對理由是，怕造成謀財害命或其他濫用的情況，所列舉的都是極端的特例。制定法律的時候，已有防弊的措施，不應以極少數的可能弊端為由，而犧牲了多數人的善終權。世界上先進國家執行安樂死已經有半世紀的經驗，應該有足以借鏡之處。

假使台灣安樂死立法在民意推動下通過，而多數醫師仍然反對，也許比照瑞士成立執行安樂死的特殊機構，是解決矛盾的選項之一。

註1—過去所有臨終病人幾乎都被施與心肺復甦術，有其法律背景。因為《醫療法》第六十條：「醫院、診所遇有危急病人，應先予適當之急救，並即依其人員及設備能力予以救治或採取必要措施，不得無故拖延」、《醫師法》第二十一條：「醫師對於危急之病人，應即依其專業能力予以救治或採取必要措施，不得無故拖延」、《護理人員法》第二十六條：「護理人員執行業務，遇有病患危急，應立即聯絡醫師，但必要時，得先行給予緊急救護處理」。由於上述法律規定，醫療人員若不為危急

病人急救，病人家屬得以進行提告，因此許多醫護人員明知救治行為無效的可能性很大，為了避免醫療糾紛，仍會進行醫療行為。「無故拖延」可能被提告，若病人事先簽署「DNR」，醫師未施與急救就有法律保障。

註2—安樂死一詞源自希臘文的 euthanatos，eu 是好的，thanatos 是死亡。意思是 an easy or happy death, or a good death，中文翻譯為安樂死，符合其字面的意義。然而與親人死別對生者或亡者而言，都是重大的失落與悲傷，安樂死一詞因此引人爭議，許多國家安樂死法規名稱著重在人的尊嚴。台灣相關的法案名稱為《尊嚴善終法》，避開死亡這個一般人避諱的詞。「善終」就是 a good death，法案的內容是為了維護長期痛苦與失能者的「尊嚴」，名符其實。

註3—《臨終習題：追尋更好的善終之道》（*Extreme Measures: Finding a Better Path to the End of Life*），潔西卡・齊特（Jessica Nutik Zitter M.D.），天下文化，二〇一八。

註4—《生死迷藏》，黃勝堅，大塊文化，二〇一〇。

註5—《安寧伴行》，趙可式，天下文化，二〇一八。

註6—《生死自決：安樂死的全球現況》，松田純，行人，二〇一九。

註7—《死亡與生命手記：關於愛、失落、存在的意義》（*A Matter of Death and Life: Love, Loss and What Matters in the End*），歐文・亞隆（Irvin D. Yalom）、瑪莉蓮・亞隆（Marilyn Yalom），心靈工坊，二〇二一。

第十四章

不得安樂死的自力救濟

在沒有安樂死制度的國家，人們在痛苦超過了忍耐極限時，很多人只好尋求自力救濟。

一般來說最常見的方法是「自殺」。自殺有以下負面效應：(1)無預警的發生，對親友來說打擊非常大，因為留下很多的遺憾、未了的心結，來不及和解、道歉、道謝、道愛等。(2)沒有好好的告別。雖說人生沒有不散的宴席，離別前能夠好好告別，好好陪伴，可以生死兩相安。亡者與生者才不會因此卡住，以致無法安心前進。(3)自殺的方式多半很慘烈，當事者受到很大的痛苦，讓親友不捨，甚至造成重大創傷。例如美國影星羅賓．威廉斯（Robin Williams）因大腦病變而上吊，我們只是非親非故的影迷也替他感到悲傷，何況是他的親友。(4) 有些人因一時的困境或誤會選擇了自殺，可能問題有解，生命卻已無可挽回，這種情況最教人惋惜！例如臨床上有人剛被診斷罹患癌症就嚇得自殺了，若是有安樂死制度，對未來感到安心，可減少因焦慮而貿然自殺的可能性。

反對安樂死立法的理由之一是為了保護生命，但是也因此逼著某些人走上自殺一途。小腦萎縮症是一種遺傳疾病，家族多人罹病，幾乎每個家族都出現過以自殺終結生命的例子。以我舅舅家來說，他和大表哥父子兩人相繼自殺，留給家人極大的衝擊和悲痛。

得到不治之症，病情只會持續惡化的病人，若是處於安樂死合法的國家，預期生命末期將可以得到緩解痛苦的醫療，當極端痛苦已無法控制時，可以申請無痛、快速的安樂死。這帶給人們一種安全感，降低其死亡焦慮，可能提升其存活的意願。甚至有些人在通過安樂死審查後，並未立刻執行，願意為了某種意義而努力活著。

最悽慘而讓人不捨的自力救濟是由照顧者親手殺死照顧多年的親人，其招致的心靈創傷與法律懲處，更非外人所能體會。

每隔一段時間就有長期照顧者選擇了激烈的方法幫助長期失能者解脫的新聞，他們已經對失能家人付出多年心血，為了不忍對方繼續受苦而出此下策，最後心理卻無法得到平安，還可能要坐牢，實在值得同情。每有這種事件發生，安樂死立法的討論就浮上檯面，然而立法非一蹴可及，有沒有其他自力救濟的辦法？其實只要漸進停止灌食，病人就會安詳往生。一定是壓力過大，一時失去判斷力，做了令人遺憾的抉擇。

一位朋友感謝我分享母親的故事，解了一個她埋藏在心中多年的結。她有一位極重度腦性麻痺的弟弟，出生就四肢癱瘓，終日只能躺臥床上，需要母親餵食及二十四小時的照顧。她長大後，也分擔照顧弟弟的工作，對弟弟有著深厚的感情。她在外地念大學時，突然接獲弟弟往生的消息。父親告訴她，母親逐漸減少餵食，讓弟弟得到解脫。她覺得弟弟是餓死的，一定很痛苦，因此一直對母親有怨，也有很深的自責。對斷食往生有了新的理解後，心裡的痛，就放下了。

如今她已身為人母，能體會母親照顧弟弟十幾年的辛勞付出與犧牲，也能同理母親的作法是智慧的抉擇。對比用刀刺死、枕頭悶死、釘子釘死、推下河裡溺死，漸進停止餵食，是一種溫和、慈悲的方式。

傅達仁先生和澳洲的古道爾博士的自力救濟是遠赴瑞士安樂死，他們是挺身出來的菩薩，目的是倡議自己的母國應該通過安樂死，那麼他們就不必耗費鉅資、舟車勞頓、客死異鄉。他們都愛自己的國家，都想在自己的家鄉安息啊！況且，這麼繁瑣的工程，需克服語言、遠距、遠行、金錢等等的障礙，也不是一般人做得到的。

服務於瑞士生命週期協會的 Erika Preisig 醫師就曾經表達有些外國來求助安樂死的個案，由於必須把握在喪失行動能力以前進行醫師協助死亡，反而必須提早申請、執行安樂死，若是個案所屬國就有安樂死的服務，有些個案應該可以延後安樂死的時機。

我母親選擇的是另一種自力救濟——在家「斷食往生」，若採漸進式斷食，其過程平均需要兩週到一個月的時間，算是搭慢車，不似安樂死搭的是特快車，兩、三分鐘就抵達天國。因為是在家中親人陪伴中往生，並無大遺憾，卻免不了為母親受的飢餓和虛弱之苦感到不忍。

然而母親吞嚥功能已經有很大障礙，稍一不慎，隨時可能造成吸入性肺炎。發燒、呼吸困難、頻繁抽痰，甚至要用到呼吸器、住加護病房，那種苦更加難忍。身為醫師，我不忍心讓母親冒險受這樣的苦。

美國安寧緩和醫療學會前理事長 Timothy Quill 醫師，也是美國尊嚴死全國中心（Death with Dignity National Center）的董事，出版了《自願停止吃喝：一種慈悲且可廣泛應用的加速死亡方式》（*Voluntarily Stopping Eating and Drinking: A Compassionate, Widely-Available Option for Hastening Death*）。該書提到斷食以求善終是一種在民間廣為應用，但鮮少被公開討論的尊嚴死亡方式。

該書的編輯群包含安寧緩和科、精神科醫師，倫理學者、律師以及護理師。列舉八位因為運動神經元疾病、癌症或失智症而停止吃喝死亡的病人為例，分別從事前評估、臨床照護、倫理、法律等面向來探討其面對的問題與解決之道，並且詳細地探討和比較「自願停止吃喝」、「拒絕無效維生醫療」、「醫師協助死亡」三種加速死亡以求解脫的方式。在美國全境「自願停止吃喝」和「拒絕無效維生醫療」是合法的，醫療保險會給付，人壽保險也會給付死亡賠償。「醫師協助死亡」則只有在十一個州是合法的。

書中列舉自願停止吃喝的優點如下：

(1) 若可以做到完全不進食、盡量不喝水，在停止吃喝後約十到十四天死亡。

時間較疾病自然死亡為短。

(2)兩週左右的時間，家屬方便安排時間好好陪伴與告別。

(3)相對於醫師協助死亡，照顧的醫師比較沒有心理的壓力。

(4)大多數的安寧病房願意照顧停止吃喝的病人，減輕其不適，其過程與其他末期病人的臨終照顧非常類似（少數教會附設的安寧病房不收治此類病人）。

(5)據統計，最常見執行停止吃喝的個案為八十歲以上、有嚴重疾病、日常生活依賴他人、生活品質低落、期待在家中死亡，且想要自我掌控死亡過程者。

採取停止吃喝也有其不足與挑戰：

(1)對於承受極度痛苦的病人而言，十至十四天是很漫長的。通常需要鎮定治療輔助。

(2)病人需要強烈的動機與足夠的意志力。例如對失智病人而言就相對困難，越到失智晚期越不容易堅持。

(3)照顧者需要耐心、毅力和彈性。最大的挑戰是極度口渴與末期的譫妄。極度口渴：規律使用護唇膏、刷牙、漱口。用沾水棉棒濕潤口腔、嘴唇。口腔噴霧也可以減緩口乾的症狀。少量的水，不會延長死亡的過程。

譫妄：病人可能意識混淆、忘記停止吃喝的目的，焦躁不安，甚至出現極度想要喝水或者進食的欲望。可提供抗焦慮、止痛或者鎮定的藥物。若病人又重新開始吃喝，需要重新評估是否要繼續進行。

即使在美國也有許多民眾因為害怕醫療人員會阻擋他們，而在私底下進行自願停止吃喝，如此將斷絕了安寧緩和醫療提供幫助的機會，至為可惜。Dr. Quill 等人的這本著作將地下化的「自願停止吃喝」攤開在陽光底下，具有重大意義，但願對台灣的安寧緩和醫療團隊也能帶來新的思維。

目前衛福部和安寧緩和醫療團隊都在極力推廣「預立醫療決定」，假設有位罹患運動神經元疾病的漸凍人簽署了意願書，決定一旦無法由口進食時，將拒絕「人工營養與流體餵養」，那麼我母親示範的「停止吃喝」正是他／她無法進食以後的臨終過程。我很佩服我母親的堅強和意志力，但是最後她仍然叫苦，家人也感悲痛。

如果另一位漸凍人他／她的選擇是呼吸功能衰退時，拒絕氣切和人工呼吸器，那麼呼吸困難慢慢缺氧而亡，一定比飢餓還難熬，時間也更長。以上兩種狀況，安寧緩和醫師也許會幫忙注射嗎啡或其他的鎮定劑讓病人昏睡，一段時間後自然的死亡。在安樂死合法的國家，醫師會直接給予高一點的劑量，病人就可以快速平穩的死亡。為了堅持不能加工死，讓病人的痛苦延長數週或數月，這符合以病人的利益為優先考量的倫理嗎？立法者、醫療照顧者、家屬被自己來自過去的觀點綁架，病人的自主權益被放在哪裡？人們面臨死亡前，只能任由他人擺布，這是何等悲哀的事情。

不忍之心，人皆有之。病人自主法被推廣以後，醫師有越來越多的機會要處理病人拒絕無效維生醫療與人工餵食的狀況，其死亡過程緩慢而痛苦，考驗著大家的意志與智慧。

書寫此書的目的，是分享母親積極面對疾病的樂觀與毅力、豁達面對死亡的勇氣與智慧、斷食往生的過程以及家人支持的重要。斷食往生是沒有辦法中的辦法，凸顯尊嚴善終法立法的迫切性。

冥冥中母親賦予我這個使命，貢獻我卑微的一點力量，希望喚起更多民眾的注意，平時就討論死亡議題，為善終作準備。並督促政府以及醫界順應民意及世界潮流，通過尊嚴善終法案，讓台灣成為更具有人道自由的國家。

註1｜*Voluntarily Stopping Eating and Drinking: A Compassionate, Widely Available Option for Hastening Death.* Edited by Quill TE, Menzel PT, Pope TM etc. Oxford University Press. July. 2021.

註2｜用中文「斷食往生」或者「自願停止吃喝」在網路搜尋，找得到的資訊非常少。如果用英文「Voluntarily Stopping Eating and Drinking, VSED」上網搜尋，可以找到許多相關資料。

註3｜Lowers J, Hughes S, Preston NJ. Overview of voluntarily stopping eating and drinking to hasten death. *Ann Palliat Med* 2021; 10（3）:3611-16.

本篇回顧性論文整理了歐美日多國慢性病或重症老人「自願停止吃喝」的盛行率，描述停止進食過程病人身體的變化，需要哪些醫療服務介入，並討論法律以及倫理面向。先進國家都是合法的，但不建議六十歲以下的健康人採用，因為會有較大不舒服，過程比較長。調查對象是安寧照護和安養機構的醫療人員，以日本為例，五百七十一位接受訪查的醫師中，百分之三十二照顧過這種需求的病人。安樂死合法的荷蘭，死亡人口中有百分之〇．四至百分之二．一的人是停止吃喝加速死亡。美國的奧勒岡州在二〇〇一年安樂死已經合法的年代，有百分之四十一的安寧病房護士照顧過停止吃喝死亡的病人。當年度停止吃喝死亡的一百零二人中，平均年齡是七十四歲，百分之六十是癌症病人，女性佔百分之五十四，已婚者佔百分之四十八。

後記

母親雖死猶生，與父親和解

母親過世後，我的心呈現一種混沌麻木的平靜，不悲不喜，極不真實。連續三次夢到她逍遙自在、行動自如與女眷歡聚，我的心才踏實起來，確信她在一個更好的地方歡喜圓滿。此後每想起「啊！母親已經不在世上了。無法再與她談天了！」馬上會出現一個念頭：「如果她還活著，日子只會越來越苦。」心中釋然！

她的故事在網路與媒體掀起熱烈的迴響與討論，瀏覽人數超過百萬人次。我感覺她雖死猶生，從一個平凡的居家老人，搖身一變成為小有名氣、人人尊敬的典範。她幫我牽線各種媒體，我一律接受採訪。麥田出版社主動邀約出書，我也當作是母親交付的使命，戮力以赴。

我感覺母親還活著，安排了種種奇妙的緣分助我順利完成這本書。我去書店總能遇見適當的著作提供我寫作的題材。素昧平生的臥床病人家屬詢問我善終解脫之道，在陪伴過程發現了台灣求善終之路的困境，比較了先進國家善終的相關法案，作為未來督促政府立法的動力。

我雖然四十幾年前就支持安樂死的立法，但一直是旁觀的角色。因為鏡新聞的採訪，在「安樂死的是與非」節目認識了推廣安樂死立法的江盛醫師，他慷慨提供許多見解與資料，並幫忙此書寫序。將來若有我可以助一臂之力的地方，我一定全力以赴，加入促進尊嚴善終法立法的行列。也期待有更多社會人士一起加入。

因為江盛醫師的轉介，我閱讀了賴其萬教授的文章〈如果時光倒轉，我會堅持放回父親的鼻胃管嗎？〉，文中提及一百零一歲往生的賴爸爸在人生最後一年多插鼻胃管的種種困頓與折磨，看了令人鼻酸。賴教授是國內注重醫病關係的醫學人文大師，也接受了我的邀請，在百忙中寫下發人深省的序文，深深感謝。

母親過世後，因為疫情嚴峻，幾位身心靈課程的老師不能出國講學，在國內開了許多課程，我抓住機會參加不少讀書會和工作坊。從羅志仲老師學習托勒的正念（mindfulness），養成每日靜坐，日常持續靜心（刷牙禪、洗碗禪、打掃禪、等待禪、行走禪、抄經禪、刺繡禪等等），穩定了內在。參加周志建老師的敘事、靜心營，還一起在線上討論生死議題。老師和同伴對於我的敘事給予極大的肯定和回饋，讓我感到溫暖也增加不少信心。還上了李崇建老師的薩提爾冰山內在探索工作坊，認識自己的情緒，與自己的內在連結。在課堂上我分享家庭故事，幾度痛哭失聲，得到老師和同學們的同理和安慰。這些都成為我書寫此書的養分。

也許因為我是課堂上最年長的學生，老師們對我特別照顧，建立了亦師亦友的關係。周志建和李崇建兩位都是學有專精的暢銷作家，慷慨應允寫序，幫本書做了最好的註解與導讀。

最意外的緣分是一位張女士來信詢問失智多年的老母親是否適合斷食善終，我將此書部分文章提供給她作為參考。信件往來中，方知對方是修習佛法多年的居士，竟像是母親牽引來解我與父親心結的導師，並引領我更深入修習佛學。

她說：「您若跳脫出關係人這身分，用第三者來觀照您父親的一生，或許會看到，其實父親從來沒有想傷害你們任何一個人，雖然我不認識他，但深信沒有一個父親會不疼子女的。那是因為他生病了，心理不健康又業障很重，也從來沒有貴人教他、醫好他，他曾對您母親的種種相待，是他累世的習氣、脾氣，就成為那個令人遺憾的樣子了。」

這話一針見血，父親的內在確實是愛我們的，他的行為傷害了我們，他絕不是為了要傷害我們而有那樣的行為。他其實是希望得到我們的愛，因為無明，而有了那些適得其反的舉動。我們因為受了傷害，而無法看見他的需求，也遺忘了他對我們的付出，欠他一個感謝。

居士又說：「看到您寫下母親告別式時提及下跪過往，我也隨文入觀的為您母親感到心疼不已，很捨不得她當時的心苦。她說出來，被傾聽後，得到真正的放下與解脫，絕對不是要您們任何人增加對父親的埋怨喔！」

我確實是在聽到母親提起「下跪」往事之後，對父親又升起更多的怨怒。在身心靈的課堂上，談及此事而落淚，替母親感到不捨。張女士之言，讓我意識到身為長女的我，彷彿是母親與弟弟、妹妹的保護者，變身打抱不平的正義人士，只記恨父親對家人的壓迫，未曾感恩、回報他的養育之恩。家人心靈上長期與他疏離，也造成他很大的痛苦。願他在天之靈平安，能夠諒解我們！

人生是來修行的，家是人間最主要的道場，父親是出考題來幫助我們修行的老師吧！

書寫也是修行！藉著我的筆，母親繼續精采的活著。

註1　睡前靜坐對睡眠品質有很大改善。我說的生活禪不難，需要等待的時候就專注呼吸，做日常不需要用腦筋的事情時，就專注、覺知當下那些動作。這樣可以避免胡思亂想所浪費的能量，放慢腳步，讓內在穩定平靜。這對急性子、焦慮、求完美性格的我，有很大幫助。

註2　《一個新世界：喚醒內在的力量》（*A New Earth: Awakening to Your Life's Purpose*），艾克哈特．托勒（Eckhart Tolle）著，張德芬譯，方智，二〇〇八。

註3　《情緒治療：走出創傷，BEST療癒法的諮商實作》，周志建，方智，二〇二〇。

註4　《李崇建談冰山之渴望：幸福的奧義》，李崇建，寶瓶文化，二〇二一。

最寶貴的一課：

母親對於死亡的坦然

作者弟弟　**畢恆達**（國立臺灣大學建築與城鄉研究所教授）

除了當兵與留學時期之外，我都是與父母同住。如今回到獨自一人的宿舍，眼中經常浮現她／他們熟悉的身影。

兒時的記憶，只留紛雜的片段。記憶中的父親，愛打撲克牌，會吹口琴愛唱歌，常寫毛筆字，花錢蒐集郵票鈔票愛國獎券。還記得我三歲左右，他拿錄音機錄下我唱〈桃花紅李花白〉的稚嫩聲音，騎著高大的腳踏車載我兜風。但是更深刻的記憶則是舉板凳、跪算盤、被皮帶抽打，總要說出「下次不敢了」才能結束這場酷刑。我記不得像我這樣成績名列前茅、上課全勤的模範生，究竟做了哪些事情惹他生氣。這也許反映了那個年代大人的教養思維。

小學低年級時住在學校的教師宿舍，有天晚上，我們小孩到隔壁老師家玩，老師送給我們一塊橡皮擦。回家之後，父親知道了，大發雷霆，說無功不受祿，要我們馬上將橡皮擦還給老師。還有，有次考試，因為題目簡單，一些同學不到二十分鐘就答題完畢，陸續走出教室去玩耍。後來導師知情，把我們這些提前交卷的同學叫到講台上一字排開，拔下竹掃把的竹枝，抽打我們的後腿。導師認為應該要不斷重複計算、檢查答案，不該提前交卷。小學五年級，有次國文考了九十三．五分。印象中有一題「有志竟成」的造句空白沒寫。當時好像認為這已經是一個句子了，何必再造句，多此一舉。老師認為我應該考得更好，在發考卷時，當眾將我的考卷揉成一團，直接丟到窗外。我羞愧地跑出教室撿回考卷。

這些經驗，讓我一方面律己甚嚴，一方面極度缺乏自信。已經當到大學教授，卻總是羨慕別人聰明有學問，覺得自己什麼都不懂。很好笑的是，大人教我們要三思而後行（言），話既然不能隨便說出口，總要先在心中不斷演練。但是話在心中講過一次之後，對我來說就已經講過了，我會不好意思重複說出口，於是小時候我不太常說話。就像課本也教我們，一言一行不是為了做給別人看，而是自我要求。很長一段時間，我在家裡洗完澡，一個人在自己房間裡，我仍然穿著襯衫長褲。大四的時候，開始在校園操場練習長跑，我也是一身襯衫西裝褲。

對母親的印象呢？記得我小學時，只要一感冒就會轉成支氣管炎再轉成肺炎，很多個早上母親揹著我到衛生所打針，再到學校上課。有一次，我和母親到台北，晚上從台北搭夜車回羅東（平快車回到羅東正好天亮），我累得靠在她身上睡著了，她顧慮安全不敢闔眼。幾十年後，我告訴她這個記憶，她回說她一個單身女子不可能帶著我獨自到台北。但是對於我，這個畫面卻像照片一樣地清晰。我當然記得她做裁縫的身影。她說我五歲就會踩縫紉機了，會幫忙車衣裙下襬。我知道我們三個小孩靠著幫忙縫裙襬、褲腳、包釦，五角一塊地攢零用錢。我也記得我總是靠在她腿上，就著光讓她幫我挖耳朵。更記得我到金門當兵、回紐約讀書時，她送我到公寓樓下門口，望著我逐漸遠去臉上不捨的表情。那個定格，會讓人落淚。我也記得好多幕她與親友為了錢拉扯的鏡頭。不管是她要拿錢給別人，還是別人要拿錢給她而她不收，總之最後一定是她贏。她就是一個喜歡幫助別人，不佔別人便宜的人。

就讀國中時，父親不只拆了好友寄給我的信件，還在上面改錯字，帶給我很大的傷害。多年後，和母親談起此事，她說是我記錯了，不是看信，是偷看我的日記，而我從那次事件之後，就很少跟父親講話了。應該也不是太嚴重，我還記得他有教我打桌球，碩士班入學口試還騎機車幫我送准考證到考場。讀研究所時，他向二姊夫拉保險，二姊夫詢問我的意見。當年我很痛恨保險、買賣房子此等牟利的行為。我建議不要買。結果父親說我胳膊往外彎，氣得要跳樓，逼得我不得不下跪認錯以平息他的怒火。我已經成年，只是表達不同意見，就受到此等屈辱，造成的創傷深刻在身體裡。

一九八六年到紐約留學，不知是否因身處異地、與親人分離，有一陣子經常做惡夢。有次夢到我坐在書桌前，父親突然從後面走近，氣兇兇地奪走我手中的筆。我不斷喊冤：「我沒有！」或者「不是我！」然後他拿起像是豬八戒揮使的鐵耙，鈎住我的胸口在地上拖行。連日在身體受盡折磨的夢中痛醒，環顧四周，陌生的國度孤獨的自己，不禁悲從中來放聲大哭。如此前後不知多少回。開放大陸探親之後，父親要回老家看看，我本來計畫從紐約過去與他會合。心想也許是個機會，可以多瞭解他一些。沒想到他等不及我學期結束，自己就過去了，錯失了一個親近彼此的機會。

回台大任教之後，有天早晨睡夢中聽到急促的敲門聲，看見母親臉上猶有血跡，她告訴我剛剛在對面國小校園做瑜珈的時候，遭到陌生男人攻擊。我和父親陪著母親到附近的醫院掛號，母親躺在病床上等檢查時，父親一直責備母親不應該穿著暴露（瑜珈服裝）。我回說：「媽媽沒錯，錯的是那個人。」父親一聽大發雷霆，說天底下哪有兒子說老子不是的。礙於人在醫院，沒有繼續發飆。等送母親回家休息，我就趕快藉口早上有課奪門而出。只是可憐了母親，她身體遭到攻擊受傷，恐懼的心情尚未平復，卻還要不停安慰暴怒的父親，要他不要責怪我。

我並不會與父親吵架，只能避而遠之。回台教書這一、二十年，每天早上在床上醒來，就煩惱怎麼辦，等下要怎麼面對坐在客廳沙發上的父親。我通常說聲「我去學校了」，趕緊快步出門。有時候他會叫住我，要我留幾分鐘給他，然後開始講述我們已經聽過很多遍的事情。一面講，他會說你雖然站在這裡，可是我知道你其實沒有在聽。有時候，他會考一些奇怪的問題，例如會不會背國旗歌歌詞，大道之行也接下去呢。有時候，他會假裝不知，用詢問的方式。對方不會的時候，他就會說出答案。有一次他問我：「人之異於禽獸者幾希？」我回說：「只有人會預知人之將死，因而生活中都在做選擇。動物只是生理性地逐漸走向死亡。」（我只是沒有講海德格〔Martin Heidegger〕的人是邁向死亡的存有。）這是極少數可以得到他讚賞的答案。

我們的人生觀、做人方式、政治立場皆迥異，除了買一些他喜歡的書給他看（如《與神對話》、《如來的小百合》、《天使走過人間》），雖然同在一個屋簷下幾十年，但是幾乎沒有什麼交談。

一九九二年回台灣任教之後，隔年就在《聯合報》撰寫環境觀察專欄，沒寫多久，變成性別專欄了。家裡也成為我觀察的田野。有時候，我會把父母的故事寫進去，報紙刊出後，我拿給母親看，讓她知道我是站在她這邊。然後也拿給父親看，但是他完全看不出來文章裡有他的故事，還會跟著一起罵文章中的男人。這樣也好。作為性別研究者，我無能改變我的父親，只能成為默默支持母親的人。她讀了我寫的文章，知道我經常在外演講，許多她的女性朋友都讀過我的性別著作。不知道這樣能不能稍稍減輕她在性別關係上所受的苦。

我的母親娘家那邊有小腦萎縮症的遺傳疾病，表哥們以及他們的小孩都因為早年發病，境況慘不忍睹。然我因小學四年級就搬離宜蘭，此後與他們極少往來，因此感受不深。母親六十多歲發病確診，她與兩位姊姊懼怕小孩也遺傳此病，幾乎是一夜白頭。當時，我並不知情。等我知道時，已經確認姊姊與三位外甥都沒有得病。因而，我並沒有經歷過她們那種焦心恐慌的心情。最後，全家只剩我一人是未知數。母親當然希望我去檢查，確認沒有得病，好讓她放下心中的擔子。我則認為此病無藥醫，知道了又能如何。我的生活與心境並沒有受到小腦萎縮症的影響，反正自己沒有後代，也就不把它放在心上。

我開始教書有了薪水之後，母親終於可以不必為錢擔心，也不必靠做衣服賺錢。不過，裁縫仍然是她的興趣。二〇一二年，父親離開之後，她終於獲得前所未有的自由，不過這時她的身體也在逐漸衰退之中。老年人的生活通常很規律，不喜歡改變。她的作息除了必要的吃飯睡覺之外，白天仍是在她的工作室縫縫補補。她有幾大箱的零料，她用拼布的方式做了手提袋、衛生紙盒、小錢包，拿去義賣或是送人，每當有人稱讚感謝，她應該覺得自己的存在有所價值，可以為人服務。我有好友來家裡聊天，表示有學習縫紉的興趣，她心中很想傾囊相授，可惜沒機會實現。慢慢地，她的眼睛看不清楚縫紉機的針孔，也無法準確的拿針縫線，還可以踩縫紉機，但要我幫忙換線。然後，身體不斷退化，最後連縫紉都無法做了。這是對她最大的打擊之一，從此她認為自己沒有生產力，無能對別人有具體的貢獻。

死不可怕，死前病痛的折磨才恐怖，鍛鍊身體因而重要。父親練過氣功、香功、法輪功幾十年，可以自己運氣治病。前一晚還正常吃晚餐，隔天早上就在沒有病痛的睡夢中辭世。母親則是勤練瑜珈，從無師自通，練到出師。每天早上幾無間斷做完整套的瑜珈。清晨我經常在半夢半醒之間，聽到她在隔壁地板上運動的聲音。由於宿舍在大安森林公園的旁邊，午後她就到公園走路。只是隨著身體惡化，到後來，公園散步變成在門外公共走廊來回走動，再變成在房間裡扶著牆走。本來可以自己行動，退化到拿步行器走路，再到坐輪椅，到最後連上下床、坐沙發、到廁所都必須仰賴看護抱來抱去。

以前她經常坐在家中工作室的木製地板上看電視，因為雙腿無力，我買了座椅的軟墊放在地上，讓她可以稍微彎曲膝蓋，然後一屁股坐下。軟墊從一層，變兩層，再加到厚厚三層。可是當軟墊太高的時候，她要移身到地板上就變得不容易了。從工作室到廁所的行進路線上，則順著她的身體動作，一路追裝鎖在牆上的握把，總數大概有十個。即使如此，仍難免有出差錯之時。有時是屁股跌到地上，有時快要跌倒導致手腳撐地受傷，還有幾次是頭部著地的，哐噹一聲。問她痛不痛，她總是說沒關係，一個星期後自己就會好。

年輕人移動力強、適應力強，喜歡體驗新的空間。然高齡者日常生活非常有規律，身體動作與移動路徑，都有固定的模式，因此懼怕環境的改變。曾經勸了很多次，她才答應到大姊台中郊外有著清新空氣、寬敞空間的大院子住住看。但是晚上看電視沒有她每日看的頻道節目、坐在馬桶上旁邊沒有扶手可以幫忙站立，所以住個二、三天就回台北了。

她平常的生活模式是這樣的：起床—瑜珈—早餐—看電視—午餐—午睡—走路運動—晚餐—看股市行情—玩電腦撲克牌接龍（後來改成看書）—看電視談話節目、睡覺。電視節目就固定看那幾個，早上是歌仔戲、《包青天》，晚上是談話性節目（如醫療保健）或益智節目（如《一字千金》）。本來家裡想要換寬頻網路，但是中華電信的MOD並沒有她習慣看的那一個頻道，於是作罷。晚上用電腦看股市行情，玩傳統接龍。後來電腦運作速度越來越慢，要換新電腦給她，但是接龍的介面改了，她不習慣。為了接龍，於是一直使用舊電腦。她如果接龍有重複嘗試多次都打不開的，就會記下號碼給我。我通常一次就解決了。現在想起來，當時我也許應該假裝打不開。到後來，身體逐漸退化，也沒有辦法坐在椅子上操作電腦，這個樂趣也就從生活中消失。

她還喜歡玩數獨，我沒有訂報紙，但有時候會把朋友報紙上的數獨剪下來，給她玩。有時有，有時沒，我就到二手書店買整本的給她，她總是說這樣浪費錢。後來，她握筆不穩，連阿拉伯數字都寫得歪歪扭扭的，甚至會跑出格子，就不玩了。就這樣一步一步生活中的樂趣（做裁縫、玩接龍、玩數獨）越來越少。到後來只能坐在沙發上，休閒就只剩下看書和看電視。以前幾十年間都沒有看書，她說書本一打開，就會打瞌睡。最後一兩年，她卻有了看書的樂趣。她喜歡讀女人的傳記還有刑案傳奇。從范麗卿的《天送埤之春》，到楊麗花、黃越綏、瓊瑤、薇薇夫人的生命傳記。

我的臥房有投影機可以看DVD，問她喜歡看什麼電影，她總是說要看恐怖片，而且要越恐怖越好。我問她，看完晚上不會做惡夢嗎？她說絕對不會。最後的時日，一路從《七夜怪談》、《厲陰宅》、《鬼娃恰吉》、《安娜貝爾》、《孤兒怨》、《紅衣小女孩》、《見鬼》，一直看到《陰屍路》。

回顧她人生最後的時光，有三個重大的打擊。第一是無法做洋裁，也無法燒飯洗衣，讓她覺得自己對社會對他人沒有貢獻，成為無用之人。第二是無法再做瑜珈動作，進而無法玩電腦接龍玩數獨，讓她失去了平日可以殺時間的休閒活動。最後則是身體不斷退化，加上不喜歡麻煩人。上廁所不好意思麻煩人，半夜醒來不好意思叫醒看護。躺著無法翻身，坐久了屁股痛，光是喝白開水就會嗆到咳半天，身體的苦痛遠超過生活中的歡愉。她覺得她已經盡了人生的義務，沒有虧欠任何人，是可以離開的時候了。

她離開的前幾個月，就已經預告她準備在次年的生日過後離開。當時總是覺得那是以後的事情，我有點鴕鳥心態。最後那幾個月，買書給她看、陪她看電影聊天，仍心存僥倖，她應該只是口頭說說吧。等到開始斷食，心想真的就這樣嗎？幾度想說要不要勸說她再多考慮一下吧。但是我無法揣測她的身體有多痛，這是她長期的計畫，既然心意已決，我就只能尊重她自己的決定。而我，再也忍不住放聲痛哭！

我是無神論者，進教堂不禱告，在廟裡不燒香，也不曾祭拜祖先。我也不過節，每天都是平凡而獨特的一天。地球、太陽都還只是浩瀚宇宙中的一粒沙，一個人又算什麼呢？唯一能做的就是在有限的生命裡，活出有尊嚴、負責任的每一天。生是偶然，死是必然。母親對於死亡的坦然，實是寶貴的一課。我也在此聲明，以後除了不要成為別人討厭的老人之外，哪天身體老化，只剩痛苦而無享受時，不進加護病房／不急救／不插管，過世之後，不要任何儀式、不燒一張紙錢，就讓一切歸於塵土。

生與死的難題

作者先生　**黃東曙**（博生婦產科診所醫師）

我的父親一九二七年出生，受日本教育，是新竹客家人。新竹商業學校畢業後就到新竹台灣火柴公司工作。他工作非常認真，在家中八個孩子中排名第四是長子，每個月薪水都交給我祖母處理，有客家人刻苦耐勞、顧家的精神。

我五歲時因父親工作調動，全家搬到台中。據家母說那時父親月薪八百元，因薪水已經全數交出，向娘家借二千元支付前期生活費用，起初外祖父很生氣，認為黃家太不通情理不肯借，家母傷心離開後，外公不忍心，又請住新竹的外叔公補送錢過來。

父親很愛護我們三姊弟，幼小時一家五人常共騎一輛腳踏車去看電影，幾乎什麼新片都看了。到小學五年級時，父親兼差承攬廣告火柴生意，外快多了，是公司裡最早買電視機、電冰箱的人。也買了一輛速克達機車，一家五人共騎，放假經常到處遊玩，回想起來真是不可思議，記憶中都是滿滿的歡樂。

我就讀台中居仁國中，高中聯考班上一位中狀元，一位第三名，我第七名。三個人的名字都掛在台中一中門口聯考前十名大紅色榜單上，父親覺得很榮耀。高一寒假我北上插班考建中，為了方便和省錢，父親騎著機車載我由台中到台北，花了五個小時，先到景美女中看考場，再到台北龍江街姨婆家借住一晚，最終如願考上建中。

在建中早期，因想家每週六中午一下課就快走到台北車站，趕十二點半的平快車到台中，那時車班很擁擠，常站票。後來有公路局對號金龍號公車，到台中也至少要四個小時，每次父親都騎機車到車站接送。搭火車回台北時，父親一定要在剪票口等火車開動才離開，在車箱內遠遠目送父親背影離開，內心糾結不已。慢慢習慣建中生活後，才改一個月回家一次。

我住牯嶺街學生公寓宿舍，高三時全國瘋迷桌上足球，我宿舍一樓就是間遊藝場，有許多球台，那時我們樓上學生練就一身好功夫，幾乎打遍建中學生無敵手。

有一天雙方正比得火熱，父親突然現身（那時宿舍沒有電話聯絡），憂心忡忡告誡我要用功準備大學聯考，一定要考上醫科。最後兩個月收心努力，終於考上第一志願，沒有辜負父母的期待，父親也覺得在全家族超風光。

一九八六年我在台大婦產科做完總住院醫師回台中，任職仁愛醫院婦產科主任，那時家父也退休了，每天接送兩個孫子上下學，並幫忙照顧兩個外孫。期間父母結伴到世界各地旅行，全家過了二十年歡樂美滿的時光。

父親是左鄰右舍公認的好老先生，每天都把附近巷口掃得乾乾淨淨，我同學朋友來家裡，鞋子放玄關，他一定把所有鞋子鞋頭朝外擺整齊，讓大家出門方便。父親生活嚴謹從不打罵小孩，也告誡我們不要打罵自己的小孩。二〇〇五年，最小的孫子上大學，他不必再接送小孩上學，算是第二次的退休，此時他已經七十八歲了。

二〇〇四年春，父親七十七歲，我第一次也是唯一一次帶父母出國旅遊，我們到東京、箱根、京都、大阪賞櫻。那次特別帶家父重遊他小學畢業旅行拜訪過的鎌倉大佛和奈良東大寺，我特地如他小學時候一樣，跪爬穿過東大寺大殿樑柱智慧洞，他感觸良深。行程中他多次無意願走參觀路線，自己在門口等我們，當時以為他只是體力不好，事後回想應是早期失智徵候。能夠和年邁父母同遊是我人生旅途中最美好珍貴的回憶，可惜之後再也沒有機會了。

我的祖父擔任日本警察，曾在廈門日本領事館任職，一家人在廈門住過一段時間，父親小學在廈門小學就讀。兩岸開放後家父還參加過幾次廈門小學同學會，那時廈門副市長還是他小學同學。家父倒下前半年，希望我帶他到廈門一趟看看故居老友，我一方面較忙，也發現他記憶衰退，而且事過境遷多年，應該不可能找到而婉拒。現在想起來，沒有辦法讓老人家完成最後的心願，讓我深引為憾，人老了對小時候生活特別懷念吧！二〇〇八年我隨扶輪社到廈門打球，當時我尋找父親就讀的廈門小學而不可得。

二〇〇六年一次颱風夜，他開了十五年的寶貝愛車被偷了，他心痛不已，有一天他說他夢到失車在海線，要求我帶他去找車。某天下午我載他到大度山梧棲清水大甲繞啊繞，大街小巷到處找，最終還是無法尋到失車，父親喃喃自語終於失望作罷。我後來再買一輛新車給他開（雖然母親反對），但漸漸他開車忘記如何開音響空調，也會開錯回家的路。

之後他陸續幾次跌倒，同時出現記憶力和情緒障礙。失智早期最難熬是我母親，每頓飯父親都大罵菜太鹹、太辣，難吃；行動不便，常常責怪家母不會照顧丈夫。有次母親半夜上樓來叫我，原來半夜上廁所，家母扶不住失去重心的父親，而跌坐地上。我看見褲子褪到一半、半躺地上的父親，眼睛露出無助、尷尬的眼神，真是心痛。我和母親兩人費盡力氣，才將父親從地上扶起，不知母親平常一個人是怎麼辦到的？

親友來探望父親，他不斷數落家母虐待他，說她恨不得他早點死掉。有次客人走後，母親一個人坐在客廳，表情茫然，說她好想離開這裡，但哪裡有她容身之處？母親捨不得兒、媳和孫子，一天也沒有缺席過。現在回想起來，我們太慢申請外籍看護幫忙（節儉的母親反對），其實臥床前，有行動能力又反覆跌倒的時期，最是難照顧。尚有語言能力、充滿怨怒而失去克制力的時期，最是讓伴侶傷心。（他從未罵過兒女、媳婦和孫子）。

我記得父親對我講的最後一句話是用客語說：「你要救救我！」他那無助不知所措的眼神我終生不會忘記，那時他已完全不會用平時講的普通話，只會用家鄉客家話和日語，可能他的語言庫只剩小時候的語言了，我只能說：放心，我會的。但我真的會嗎？

二叔早父親五年因失智臥床，我們常同去探望，他一直問我現在醫療這麼進步，為什麼不能醫治呢？父親發病後病情惡化得很快，電腦斷層掃描顯示大腦容量縮小和多發性小中風，約一年後放尿管、鼻胃管，無法言語，完全臥床，最後似乎完全無意識，身體僵硬。很慚愧我雖身為醫師，但對至親卻愛莫能助，只能眼看著老人家一天天退化。

我們每天在床邊播放他最喜歡的日本歌給他聽，父親偶然無來由的眼角留有淚水，難道還有些感應？我只能祈禱他已經毫無感覺，不受身體痛苦折磨，但留精神靈魂與我們同在。母親常問我父親還有知覺嗎？我都回答：爸爸已經沒有知覺不知道痛了，這樣我們才可以忍受繼續讓父親這樣毫無尊嚴拖磨過日子，其實在我內心深處，一直都有陰影不安和罪惡感。

父親這樣無意識躺在同一張床十二年，除了兩次因突發急症到醫院急診外不曾離開過，這段時間我懷疑讓父親在如此狀況苟延生存下來的意義，父親希望如此嗎？當延續生命變成殘忍，吾輩該當如何？

我每個月幫父親換鼻胃管和尿管，由於父親全身僵硬，換管子可感覺他的不適，但他不會也無法自行拔除，辛勞的母親就和外籍看護守著家、全年無休照護父親。這期間發生幾次吸入性肺炎和褥瘡，因我是醫師，就在家幫他打針換藥。我常出國，每次出國都惶恐不安，祈禱父親不要出狀況。

二〇〇七年底我們在西班牙旅行，父親突發高燒哀叫，長子那時是實習醫師，緊急送阿公去中國附醫，因為完全無法溝通，兩天後照全身電腦斷層，才發現是膽結石併急性膽囊炎，經抗生素保守治療一個月後，請腸胃外科同學用腹腔鏡施行膽囊摘除術。

家中總共用過五個外籍看護，真的很感恩這些外籍看護，幫了我們很大的忙，尤其最後一位菲籍看護照顧得最好，認真拍痰、翻身，就比較沒有吸入性肺炎和褥瘡等併發症，真是我們的福氣。這些遠渡重洋來照護臨終老人的看護，都是我們的恩人，我們也善待看護如家人，如果沒有這些外籍看護的幫忙，我們真的不知如何是好。

二〇一九年大年初二，全家族回來聚餐，父親那時呼吸開始喘、不穩定，最終在家人都回來的次日早晨辭世。我有時深思父親的最後一句話「你要救救我」的真實意義，到底是要長期努力讓老人家活著？還是讓他早回天家呢？母親照顧父親十四年，期間每天都守在家裡，無法和我們出國或外出度假，父親離世時她已八十八歲高齡，人老體弱、行動不便也不想外出了。唉！

人生終究會走向死亡，老死就是我們的未來，如果毫無意識、完全臥床，還有活著的意義嗎？叔叔較早失智，躺臥床上多年最終需要三管（尿管、鼻胃管、氣切和呼吸器）維持生命。父親臥床七、八年後，我和母親一致的共識是，萬一需要做氣管插管將會拒絕。我太太畢醫師讀了《大往生》一書後，幾次建議我慢慢減少餵食，讓父親解脫。於情我們做不到放棄摯愛的父親，於法無明確依據，父親本人無法表達意願，雖然父親和家屬都深受痛苦，但我們無計可施。

母親告誡我，如果有一天她和父親一樣，她絕對要放棄無意義的治療拖延生命。我的兩個兒子從幼稚園到高中，都是阿公接送上下學，事後我問他們阿公失智臥床多年的看法，他們都說應該讓阿公早日回天家脫離世間苦難才是。我雖是醫師但礙於情、法無法做到，對於摯愛的父親深感歉疚和不捨，事後回想我這不是愚孝而是大不孝。

在台灣類似先父終日臥床依賴三管無意識活著的其實不在少數，現在雖有病人自主法，但只適用於有行為能力者。對於無法表達意願、無法簽署預立醫療決定書的無意識患者，真是人生的悲劇，家人也受長期的煎熬。對於這種長期臥床患者，經家屬簽署同意拔管善終的權利應立法給予保障。

我們的社會忌諱談論死亡，對於人生最後的安排和醫療抉擇常沒有事先和家人溝通討論，到最後幾乎都慌亂無章、措手不及。岳母的善終和先父臥床十二年才得以解脫的生死對照，讓我和太太對於自己人生的最後深深思慮，我們要有尊嚴的最後人生，還好現在有病人自主法，為了不讓後代困擾也不要無救重病拖磨，我們已經簽署病人「預立醫療決定書」並註記於健保卡。

當醫師多年，看盡生老病死，仍然無法悟透生死。有次去挪威，在奧斯陸維格蘭雕刻公園看到龐大的雕刻群，將人生百態、生老病死、悲歡離合、喜怒哀樂，全部用雕塑表現出來，令人動容。人生就是如此，從生到滅，代代相傳生生不息。我們一定要樂觀積極面對，把握當下，愛要及時，維持身心的健康。

註1　若家人無法善終，可能留給活著的親屬無盡的傷痛。先生在一次公開的場合，在同儕面前提起父親臥床十二年，當時內心掙扎而無能為力，如今覺得自己是大不孝，自己做錯了。說完「我錯了」，握著麥克風的他講不出話來，激動落淚。事後，他告訴我，講完以後，心中過不了的那個坎，消失了。我與周志建老師談起此事，他說這是無法與親人好好告別的巨大哀傷，如果藏在心裡某個角落，它可能會長大，造成身心的壓力。有三個方法可以提供幫助：第一，把這心結說出來。與配偶、伴侶、兒女或是其他親友敘述、討論此事，訴說的過程，心結被看見、被釋放而得到療癒。第二，把心結寫下來。把心中的不捨、歉意、思念寫給往生的長輩或親屬，祝福他們，請求他們的原諒，也原諒自己。第三，找有經驗的心理師諮商。假如前述兩種方法還無法改善巨大的創傷症候，可以尋求專家協助。

母親與我們

凡走過的必留下痕跡

1964 年父親用進口相機、腳架拍的全家福。
三個孩子分別是小學三年級、一年級和幼稚園中班。母親芳齡 26 歲。

上｜1959 年弟弟畢恆達出生那年拍的全家福，三姊弟到齊。此時母親 22 歲，父親 39 歲（身分證是 33 歲）。

下｜我和弟弟相差四足歲，1980 年同日自台大畢業。我醫學系念七年，弟弟早讀一年，土木系畢業。父母很開心。

1989 年我到美國加州進修，父母同行，照顧我和孩子。兩個兒子分別是 9 歲和 4 歲（攝於美東賞楓之旅）。

在美進修半年後，父親身體不適，先生從台灣來接父母和兒子回國。
我前往紐約繼續進修半年。

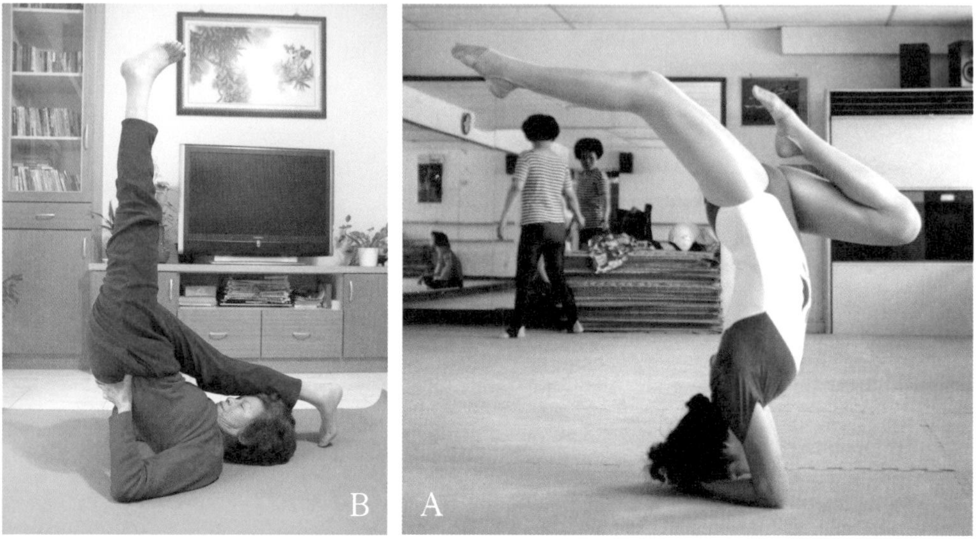

A 和 B 圖分別是母親於 56 歲和 75 歲的瑜珈動作。
75 歲時雖然功力大減，其動作仍非一般人做得到的。

B 圖可以看見母親用右手撐地保持平衡。
雖然小腦萎縮多年，平衡感不好，用變通的方式，還是每日做瑜珈，毅力驚人。

2001 年確診遺傳性小腦萎縮症，阿拉斯加遊輪之旅留影。

上｜在遊輪房間內，母親洗完髮，我幫忙上髮捲、吹髮型，母女都滿意。

下｜阿拉斯加最北端，我們背後是北極海。

左｜ 2004 年日本賞楓攝影之旅，奧入瀨溪河畔，一手抓樹幹，一手持枴杖留影。

右｜賞楓之旅，在十和田湖畔意外遇見下雪，紅色楓葉上鋪著白雪，難忘的奇景。

上｜2007 年荷蘭鬱金香花田。妹妹扶著母親讓她蹲下，我要快速拍照，因為母親不能蹲太久。拍好照，妹妹再過去扶起母親。

下｜荷蘭風車前母女三人留影。母親雙腳開開，妹妹一路攙扶。

右｜ 母親與妹妹在京都金閣寺前留影。

左｜ 2008 年自助到日本賞櫻，70 歲的母親笑開懷，母女猶如三姊妹。攝影者是同行的先生。

上｜ 2020 年 2 月斷食中，曾孫從台中來探視，阿祖稱讚曾孫聰明乖巧。

下｜ 決定 2020 年 2 月開始斷食，之前數個月，晚輩常來探視。曾孫女說：「阿祖，我愛你！」阿祖笑哈哈！

上｜生前告別式中，驚喜看到這張四姊妹出遊的照片。左一就是母親的養姊冬山阿姨。我告訴母親：外婆和冬山阿姨會來接你的。

下｜2004 年先生與公婆自助赴日本賞櫻。事後回想，當時公公已經有輕度失智症狀。家中雖有三位醫師竟誤以為只是老化。

附錄

壹、讀者的迴響與疑問

有關母親斷食往生的故事，有許多媒體轉載或訪問，網友的回應很熱烈，我整理常見的觀點和疑問，回答如下。

（一）最多的回應是認同母親自主斷食的作法，欽佩母親的智慧、勇氣，祝福她往生淨土。許多人表示將來也想選擇這樣的方式善終。

（二）有不少人憶及兒時祖父母也是這樣不吃不喝自然死亡，感謝長輩和父母做了最好的生命教育。

（三）有些人提到長輩這樣不吃不喝離開，陪伴的家人要有很強的心理素質。不然看見長輩不舒服，會很想送醫院，結果來來回回的掛急診，讓長輩受盡折磨而死，感到非常遺憾。

（四）不少網友家中長輩插著鼻胃管，無意識的在床上「雖生猶死」好幾年！體會到平常討論生死議題的重要，覺得安樂死立法非常有必要。（註：安樂死立法其實無法幫助無意識臥床者得到善終，因為該法只適用於有行為能力者。）

（五）有網友提到父親疾病末期時，一般病房的醫護幫病人打了點滴，催促多餵病人食物才有體力復原。隔日轉到安寧病房時，護理師說：「你爸爸準備啟程了，不吃不喝是在幫忙讓他安適下來，才能走得輕鬆舒服。」拿掉點滴以後，父親的痰少了，人也舒服了，數日後安詳往生。病人何時進入臨終，非常仰賴專業的判斷，有時候病人自己更清楚。

（六）問：家人是小腦萎縮末期病人，想自主善終，照顧的家人有違法的問題嗎？

答：自主善終是基本人權，家人並未違法。請病人和兩位證人到醫院諮詢簽署「病人預立醫療決定書」，將其自主意願註記在健保卡上。選項包括是否接受維生治療，以及人工營養／流體餵養。簽署「預立醫療決定書」是預防家屬理念不同提告，可作為佐證。

（七）問：斷食善終是否有「見死不救」的爭議？「見死不救」跟「讓其善終」最大的差別在哪裡呢？

答：假如醫療救治以後，病人情況可以得到明顯改善，好好活著，家屬或醫療人員沒有作為而延誤病情，這樣可稱為「見死不救」。如果生命走到最後的器官功能喪失或者重度失能，那麼放手，不以無效醫療「延緩自然法則的力量」，應該是「讓其善終」吧！

（八）問：若要三日內不冰存，不做儀式，真能做到來得及開完死亡證明並盡快火化嗎？遺體又能如何運送到火葬場？

答：死亡證明通常幾個小時內就會拿到。大體不冰存的話，有特製密封的棺木，避免遺體毀壞。假如沒有挑選特定的日子，兩三天內一定排得到火化的。不冰存、不做儀式，當天棺木會運送到附設火葬場的殯儀館，屆時有禮儀車送棺木到火化場就近火化，距離數分鐘車程。

（九）問：這樣子在家善終的，死亡診斷要如何開立？

答：家屬能做的是準備好平時就診的領藥袋或診斷書或殘障手冊等，讓醫師快速瞭解往生者生前有何疾病，醫師會根據其罹患的疾病開立死亡診斷書。若是沒有特殊疾病的老衰死，醫師可能會寫「心肺衰竭」或者「老衰死」。許多人誤會死亡診斷書需要到醫院開立，其實自古以來很多人在家中死亡，都是醫師到宅服務，只要病人沒有中毒、他殺嫌疑，醫師當場就會開好死亡診斷書。通知里長或是管區警察，都會幫忙聯絡負責醫師，葬儀社也有合作醫師。

（十）問：我是一位不婚女性，放棄工作在家照顧失智母親。母親八十六歲，失智已經第七年。我說什麼話她都聽不懂了，失禁嚴重，每天臥床十二小時以上。我看她的生活品質越來越差，心中不忍。假如我逐漸減少餵食，她可以無痛苦的往生西方淨土嗎？大約多少時間會死亡？會有法律責任嗎？如何開立死亡證明書？

答：(1) 母親清醒時有表示不願歹活嗎？（她說過：不要插管，不要死在醫院或安養院。）

(2) 其他兄弟姊妹有何意見？（財產已經都分給兩位兄弟，數年來他們未曾探視母親，不會在意。）

(3) 有其他疾病嗎？（心臟放節律器二十年，有腦瘤，不需治療。）

(4)失智者仍有食慾，若她有飢餓的生物本能反應，還是要餵食，不能操之過急。順其自然，要經過多少時日，就交由佛菩薩決定吧！（提問者是佛教徒）

(5)八十六歲已經是風燭殘年，活動量很少，需要的熱量不多，減少餵食量是正確的。器官功能逐漸退化後，就會不想吃喝，細心觀察到此現象，就可以停止餵食。記得保持口腔的清潔及濕潤。有其他問題造成困擾的話，請致電居家醫療醫學會（〇四—二四三六〇三〇五），尋求居家照護團隊協助。

(6)綜合您提供的資訊，應無違法問題。

(7)衛生所會派醫師到府開具死亡診斷書，不用過慮。

（十一）問：斷食死亡，與自殺何異？

答：廣義的來說，自願結束自己的生命就算「自殺」，自殺這個名詞，本來是中性的，無所謂正不正確。會提出這個問題，多半是因為我們的認知裡「自殺」是不好的，應該防範的，這確實也是社會的共識。

我查到自殺的一種定義：

自殺是一個人，以自己的意願與手段結束自己的生命，它是一種人類生理、心理、家庭、社會關係及精神等各種因素混雜而產生的偏差社會行為，它也是一種溝通方式，有人藉由它來傳達情緒、控制人、換取某種利益（精神上或實質上的），更有可能是為了逃避內心深處的罪惡感及無價值感。

這個定義描述自殺是一種偏差社會行為，我想是來自於生命無價，如果有更好的方法來處理引起自殺行為的那些困境，留下寶貴的生命，生命有無限的可能。一般的自殺，死者抱著遺憾離開，選擇的方法常要經歷極大的痛苦。且對親友而言是不告而別的突發事件，會造成很大的震驚、不捨與遺憾。所以是生死兩遺憾的悲劇。

我表姊目睹父親（我舅舅）以電線繞頸自殺後頭臉發黑、舌頭吐出的景象，當場崩潰，嚎啕慟哭。之後長達數十年，父親的最後面貌如惡夢般經常縈繞她心頭。

每次聽到「自殺」兩個字，全身不自主緊繃，甚至顫抖、哭泣。經過很長一段時間的治療才改善。這種親人自殺造成的創傷實非外人所能體會。

我母親的故事是在講述當生命走到盡頭，僅留下痛苦而失去品質時，人們有選擇不利用醫療科技來延長無意義生命的「死亡自決權」。過程中有家人溫暖的陪伴，愛的流動，好好的告別，讓生死兩相安，與一般所謂的「自殺」明顯不同。

貳、簽署「預立安寧緩和醫療暨維生醫療抉擇意願書」辦法及表格

在網路下載或者從醫院服務處領取下列表格（一式二聯），經立願人和見證人簽署完成表格內容後，將正本交回該醫療院所或寄到台灣安寧緩和協會（新北市淡水區民生路四十五號）。表格背面有流程說明，簽署人之意願將註記於健保ＩＣ卡上。免費。

「預立安寧緩和醫療暨維生醫療抉擇意願書」

本人＿＿＿＿＿＿＿＿(正楷簽名)若罹患嚴重傷病，經醫師診斷認為不可治癒，且有醫學上之證據，近期內病程進行至死亡已屬不可避免時，特依安寧緩和醫療條例第四條、第五條及第七條第一項第二款所賦予之權利，作以下之抉擇：(請勾選 □)

□接受　安寧緩和醫療(定義說明請詳背面)

□接受　不施行心肺復甦術(定義說明請詳背面)

□接受　不施行維生醫療(定義說明請詳背面)

□同意　將上述意願加註於本人之全民健保憑證(健保 IC 卡)內

◎簽署人：(正楷簽名)＿＿＿＿＿＿＿＿＿＿＿＿　國民身分證統一編號：＿＿＿＿＿＿＿＿

住（居）所：＿＿＿＿＿＿＿＿＿＿＿＿＿＿＿＿＿＿＿＿＿＿＿＿電話：＿＿＿＿＿＿＿＿

出生年月日：中華民國 ＿＿＿＿ 年 ＿＿＿＿ 月 ＿＿＿＿ 日

□是　□否（簽署人為成年人或未年滿二十歲之末期病人，得依安寧緩和醫療條例第四條第一項、第五條第一項及第七條第一項第二款之規定，立意願書選擇安寧緩和醫療或作維生醫療。）

◎在場見證人（一）：(正楷簽名)＿＿＿＿＿＿＿＿＿＿國民身分證統一編號：＿＿＿＿＿＿＿＿

住（居）所：＿＿＿＿＿＿＿＿＿＿＿＿＿＿＿＿＿＿＿＿＿＿＿＿電話：＿＿＿＿＿＿＿＿

出生年月日：中華民國 ＿＿＿＿ 年 ＿＿＿＿ 月 ＿＿＿＿ 日

◎在場見證人（二）：(正楷簽名)＿＿＿＿＿＿＿＿＿＿國民身分證統一編號：＿＿＿＿＿＿＿＿

住（居）所：＿＿＿＿＿＿＿＿＿＿＿＿＿＿＿＿＿＿＿＿＿＿＿＿電話：＿＿＿＿＿＿＿＿

出生年月日：中華民國 ＿＿＿＿ 年 ＿＿＿＿ 月 ＿＿＿＿ 日

◎簽署日期：中華民國＿＿＿＿＿ 年＿＿＿＿＿ 月＿＿＿＿＿ 日(必填)

………………………………………………………………………………………………

◎法定代理人：(簽署人為未成年末期病人時方由法定代理人在此欄位填寫並應檢附相關證明文件)

簽　　名：　　　　　　　　　　　　　　　　國民身分證統一編號：

住（居）所：　　　　　　　　　　　　　　　　　　　　　　電話：

出生年月日：中華民國 ＿＿＿＿ 年 ＿＿＿＿ 月 ＿＿＿＿ 日

◎醫療委任代理人：(簽署人為醫療委任代理人方須填寫並應檢附醫療委任代理人委任書)

簽　　名：　　　　　　　　　　　　　　　　國民身分證統一編號：

住（居）所：　　　　　　　　　　　　　　　　　　　　　　電話：

出生年月日：中華民國 ＿＿＿＿ 年 ＿＿＿＿ 月 ＿＿＿＿ 日

備註：1. 簽署人可依背面簡易問答第四題說明自行查詢健保IC下註記申辦進度。

2. 需要回覆通知者請打勾：□註記手續辦理成功時，請以手機簡訊回覆通知簽署人。(無勾選者視同無須回覆)。若無收到回覆者，請撥打 02- 23933298 **衛生福利部安寧醫療意願資料處理小組**查詢。

3. 「預立安寧緩和醫療暨維生醫療抉擇意願書」填妥後請將正本寄回：意願書原索取單位或**衛生福利部安寧緩和醫療意願資料處理小組(10049 臺北市中正區紹興北街 5 號 8 樓)**收，副本請自行保管。

4. 「預立安寧緩和醫療暨維生醫療抉擇意願書」填妥後亦可將正本寄至：台灣安寧照顧協會(25160 新北市淡水區民生路 45 號)收，本會即轉寄衛生福利部安寧醫療意願資料處理小組，副本亦請自行保管。

【正本】 依衛生福利部中華民國 102 年 05 月 15 日公告之參考範例編印。　　110 年版

台灣安寧照顧協會
Taiwan Hospice Organization

「預立安寧緩和醫療暨維生醫療抉擇意願書」健保IC卡註記申辦注意事項

◎簡易問答：

一、問：為什麼要將「預立安寧緩和醫療暨維生醫療抉擇意願書」(以下簡稱意願書)加註在健保IC卡？

答：為尊重末期病人之醫療意願及保障其權益，政府公布施行之『安寧緩和醫療條例』條文明訂：

1. 末期病人得立意願書選擇安寧緩和醫療或作維生醫療抉擇。
2. 二十歲以上具完全行為能力之人，得預立意願書。

但對於已經簽署「意願書」之民眾，所簽立之「意願書」若未隨身攜帶，在末期病危，卻無法主動出示時， 一般醫療院所，就醫護人員的職責，仍應全力救治，導致常發生不符合病人意願與利益之急救等遺憾事件。因此，在健保IC卡上註記安寧緩和醫療意願，以提醒醫護人員尊重病患不施行心肺復甦術或維生醫療之意願，確實有其重要性。

二、問：民眾該如何將「預立安寧緩和醫療暨維生醫療抉擇意願」加註於健保IC卡？

答：將已填妥之『意願書』正本寄送方式如下：

1. 寄送回原索取之醫療單位。
2. 寄至衛生福利部安寧緩和醫療意願資料處理小組
   (地址：10049臺北市中正區紹興北街5號8樓，電話：02-23933298)
3. 寄至台灣安寧照顧協會 (地址：25160新北市淡水區民生路45號)

即可申請辦理健保IC卡加註事宜。

三、問：當「意願書」簽署已加註在健保IC卡，是否無法撤除及取消註記？

答：當簽署人意願改變欲撤除時，可填妥「撤回預立安寧緩和醫療暨維生醫療抉擇意願聲明書」(簡稱聲明書)，經簽署人本人親筆簽名後，將該聲明書送回原索取之醫療單位或受理委託執行之『台灣安寧照顧協會』，原所索取單位或台灣安寧照顧協會會依程序協助簽署人辦理健保IC卡撤除註記手續。

四、問：如何查詢「意願書」在健保IC卡註記辦理進度？

答：一、網路查詢：

民眾可先備妥1. 一般讀卡機(非健保專用讀卡機) 2. 健保IC卡。

◎以健保IC卡查詢：進入衛生福利部-預立醫療決定、安寧緩和醫療及器官捐贈意願資訊系統網站首頁(https://hpcod.mohw.gov.tw/HospWeb/index.aspx)，點選民眾意願查詢＞將健保IC卡卡片插入讀卡機中＞ 【完成查詢】。

二、可向意願書原送交之醫療機構查詢：或撥董安寧免付費諮詢專線：0800-220-927查詢。

三、可自中央健康保險署各區業務組、附設門診中心之公共服務站或與中央健康保險署有合約之醫療院所，先進行健保IC卡資料內容更新後，再請機構協助查詢。

◎解釋名詞：

1、末期病人：指罹患嚴重傷病，經醫師診斷認為不可治癒，且有醫學上之證據，近期內病程進行至死亡已不可避免者。

2、安寧緩和醫療：指為減輕或免除末期病人之生理、心理及靈性痛苦，施予緩解性、支持性之醫療照護，以增進其生活品質。

3、維生醫療：指用以維持末期病人生命徵象，但無治癒效果，而只能延長其瀕死過程的醫療措施。

4、不施行心肺復甦術：指對臨終、瀕死或無生命徵象之病人，不施予氣管內插管、體外心臟按壓、急救藥物注射、心臟電擊、心臟人工調頻、人工呼吸等標準急救程序或其他緊急救治行為。

5、不施行維生醫療：指末期病人不施行用以維持生命徵象及延長其瀕死過程的醫療措施。

◎補充說明：

1、依據安寧緩和醫療條例第四條之規定，末期病人簽署意願書，應有具完全行為能力者二人以上在場見證，但實施安寧緩和醫療及執行意願人維生醫療抉擇之醫療機構所屬人員不得為見證人。

2、依據安寧緩和醫療條例第七條第一項第二款之規定，未成年人之末期病人簽署意願書時，應得其法定代理人之同意。未成年人之末期病人無法表達意願時，則應由法定代理人簽署意願書。

3、依據安寧緩和醫療條例第五條之規定，意願人得預立醫療委任代理人，並以書面載明委任意旨，於其無法表達意願時，由代理人代為簽署。

4、醫療法第60條：醫院、診所遇有危急病人，應先予適當之急救，並即依其人員及設備能力予以救治或採取必要措施，不得無故拖延。前項危急病人如係低收入、中低收入或路倒病人，其醫療費用非本人或其扶養義務人所能負擔者，應由直轄市、縣（市）政府社會行政主管機關依法補助之。

110年版

台灣安寧照顧協會
Taiwan Hospice Organization

參、簽署「預立醫療決定書」辦法及表格

請向大型醫療院所電話預約「預立醫療照護諮商」特別門診，門診單位會告知需要哪些人參與諮商，諮商中填寫下列表格，完成後意願將被註記於健保卡。諮商費用在兩千五百元至四千元之間。兩人或三人同行諮商，費用遞減。簽署「預立醫療決定書」時，諮商團隊會請我們同時簽署安寧緩和意願書，兩者適用情況不同。

意願人：

預立醫療決定書

本人＿＿＿＿＿＿＿＿＿＿＿**(正楷簽名)**經「預立醫療照護諮商」，已經清楚瞭解「病人自主權利法」，賦予病人在特定臨床條件下，接受或拒絕維持生命治療，或人工營養及流體餵養的權利。本人作成預立醫療決定(如第一部分、第二部分及附件)，事先表達個人所期待的臨終醫療照護模式，同時希望親友尊重我的自主選擇。

意願人

姓名：＿＿＿＿＿＿＿＿＿＿＿ 簽署：＿＿＿＿＿＿＿＿＿＿＿＿＿＿

國民身分證統一編號/居留證或護照號碼：＿＿＿＿＿＿＿＿＿＿＿＿＿

住址：＿＿＿＿＿＿＿＿＿＿＿＿＿＿＿＿＿＿＿＿＿＿＿＿＿＿＿＿＿

電話：＿＿＿＿＿＿＿＿＿＿＿＿＿＿

日期：中華民國＿＿＿年＿＿＿月＿＿＿日 時間：＿＿＿時＿＿＿分

見證或公證證明

我選擇以下列方式完成預立醫療決定之法定程序（請擇一進行）：

☐ **1、二名見證人在場見證：**

見證人 1 簽署：＿＿＿＿＿＿＿＿＿＿＿關係：＿＿＿＿＿＿＿＿＿＿

連絡電話：＿＿＿＿＿＿＿＿＿＿＿＿＿＿＿＿＿＿＿＿＿＿

國民身分證統一編號/居留證或護照號碼：＿＿＿＿＿＿＿＿＿＿

見證人 2 簽署：＿＿＿＿＿＿＿＿＿＿＿關係：＿＿＿＿＿＿＿＿＿＿

連絡電話：＿＿＿＿＿＿＿＿＿＿＿＿＿＿＿＿＿＿＿＿＿＿

國民身分證統一編號/居留證或護照號碼：＿＿＿＿＿＿＿＿＿＿

日期：中華民國＿＿＿年＿＿＿月＿＿＿日

☐ **2、公證：**

公證人認證欄位：
日期：中華民國＿＿＿年＿＿＿月＿＿＿日

說明：

一、 見證人必須具有完全行為能力，且親自到場見證您是出於自願、並無遭受外力脅迫等情況下簽署預立醫療決定（病人自主權利法第九條第一項第二款）。

二、 見證人不得為意願人所指定之醫療委任代理人、主責照護醫療團隊成員、以及繼承人之外的受遺贈人、遺體或器官指定之受贈人、其他因意願人死亡而獲得利益之人（病人自主權利法第九條第四項）。

三、 根據公證法第二條之規定，公證人因當事人或其他關係人之請求，就法律行為及其他關於私權之事實，有作成公證書或對於私文書予以認證之權限。公證人對於下列文書，亦得因當事人或其他關係人之請求予以認證：一、涉及私權事實之公文書原本或正本，經表明係持往境外使用者。二、公、私文書之繕本或影本。

意願人：

第一部分 醫療照護選項

臨床條件	醫療照護方式	我的醫療照護意願與決定 （以下選項，均為單選）
一、末期病人	維持生命治療	1、□我不希望接受維持生命治療。 2、□我希望在(一段時間)________內，接受維持生命治療的嘗試，之後請停止；但本人或醫療委任代理人得於該期間內，隨時表達停止的意願。 3、□如果我已經意識昏迷或無法清楚表達意願，由我的醫療委任代理人代為決定。 4、□我希望接受維持生命治療。
	人工營養及流體餵養	1、□我不希望接受人工營養及流體餵養。 2、□我希望在(一段時間)________內，接受人工營養及流體餵養的嘗試，之後請停止；但本人或醫療委任代理人得於該期間內，隨時表達停止的意願。 3、□如果我已經意識昏迷或無法清楚表達意願，由我的醫療委任代理人代為決定。 4、□我希望接受人工營養及流體餵養。
二、不可逆轉之昏迷	維持生命治療	1、□我不希望接受維持生命治療。 2、□我希望在(一段時間)________內，接受維持生命治療的嘗試，之後請停止；但醫療委任代理人得於該期間內，隨時表達停止的意願。 3、□請由我的醫療委任代理人代為決定。 4、□我希望接受維持生命治療。
	人工營養及流體餵養	1、□我不希望接受人工營養及流體餵養。 2、□我希望在(一段時間)________內，接受人工營養及流體餵養的嘗試，之後請停止；但醫療委任代理人得於該期間內，隨時表達停止的意願。 3、□請由我的醫療委任代理人代為決定。 4、□我希望接受人工營養及流體餵養。
三、永久植物人狀態	維持生命治療	1、□我不希望接受維持生命治療。 2、□我希望在(一段時間)________內，接受維持生命治療的嘗試，之後請停止；但醫療委任代理人得於該期間內，隨時表達停止的意願。 3、□請由我的醫療委任代理人代為決定。 4、□我希望接受維持生命治療。
	人工營養及流體餵養	1、□我不希望接受人工營養及流體餵養。 2、□我希望在(一段時間)________內，接受人工營養及流體餵養的嘗試，之後請停止；但醫療委任代理人得於該期間內，隨時表達停止的意願。 3、□請由我的醫療委任代理人代為決定。 4、□我希望接受人工營養及流體餵養。

意願人：

臨床條件	醫療照護方式	我的醫療照護意願與決定（以下選項，均為單選）
四、極重度失智	維持生命治療	1、□我不希望接受維持生命治療。 2、□我希望在(一段時間)＿＿＿＿＿內，接受維持生命治療的嘗試，之後請停止；但醫療委任代理人得於該期間內，隨時表達停止的意願。 3、□請由我的醫療委任代理人代為決定。 4、□我希望接受維持生命治療。
	人工營養及流體餵養	1、□我不希望接受人工營養及流體餵養。 2、□我希望在(一段時間)＿＿＿＿＿內，接受人工營養及流體餵養的嘗試，之後請停止；但醫療委任代理人得於該期間內，隨時表達停止的意願。 3、□請由我的醫療委任代理人代為決定。 4、□我希望接受人工營養及流體餵養。
五、其他經中央主管機關公告之疾病或情形	維持生命治療	1、□我不希望接受維持生命治療。 2、□我希望在(一段時間)＿＿＿＿＿內，接受維持生命治療的嘗試，之後請停止；但本人或醫療委任代理人得於該期間內，隨時表達停止的意願。 3、□如果我已經意識昏迷或無法清楚表達意願，由我的醫療委任代理人代為決定。 4、□我希望接受維持生命治療。
	人工營養及流體餵養	1、□我不希望接受人工營養及流體餵養。 2、□我希望在(一段時間)＿＿＿＿＿內，接受人工營養及流體餵養的嘗試，之後請停止；但本人或醫療委任代理人得於該期間內，隨時表達停止的意願。 3、□如果我已經意識昏迷或無法清楚表達意願，由我的醫療委任代理人代為決定。 4、□我希望接受人工營養及流體餵養。

肆、《尊嚴善終法草案》（二〇二〇年三月十三日提案）

第1條（立法目的）

為維護個人之尊嚴、保障個人選擇臨終方式之自主權，並建立審查機制以維護病人之福祉，特制定本法。

第2條（主管機關）

本法所稱主管機關：在中央為衛生福利部；在直轄市為直轄市政府；在縣（市）為縣（市）政府。

第3條（名詞定義）

本法所稱尊嚴善終，係指依病人自願之請求，由醫師終止病人之生命，或由醫師提供終止生命之協助，而由病人自行終止其生命。

第4條（尊嚴善終實體要件）

病人符合下列資格者，得申請尊嚴善終：

一、具中華民國國籍者。

二、具完全行為能力者。

三、符合第二項規定者。

病人申請尊嚴善終，應符合下列各款臨床條件：

一、疾病無法治癒；

二、痛苦難以忍受；

三、醫生及病人皆認為無其他合理替代方法者。

第5條（醫事人員禁止行為）

醫事人員及照顧服務提供者不得主動與病人討論有關尊嚴善終事宜或建議病人申請尊嚴善終。但病人主動要求之情形，不在此限。

第6條（第一次申請程序）

病人應親自且明確向其主治醫師提出第一次申請，並得依其狀況以口頭、手勢或其他溝通方式為之。

第7條（第二次申請程序）

病人經資格評估且符合資格者，應以書面聲明向其主治醫師提出第二次申請，且該書面聲明之內容應包含：

一、醫師已告知病人得隨時撤回其尊嚴善終之申請。

二、醫師已告知病人其病情、醫療選項及各選項之可能成效與風險預後。
三、醫師已告知病人尊嚴善終之方式、過程、風險預後等相關資訊。
四、病人已考慮前三款所有資訊，並決定選擇接受尊嚴善終及其執行方式，且係出於自願，而非受他人脅迫之決定。
五、有關前款規定之決定，醫師已建議病人告知其法定代理人、配偶、親屬、醫療委任代理人或與病人有特別密切關係之人二名以上。
前項書面聲明之簽具，應經公證人公證。病人不能簽具書面聲明者，應指定一名二十歲以上具完全行為能力之人，且瞭解該書面聲明之內容及效力，依病人在場指示下代為簽具。
下列之人，不得為前項之被指定人：
一、病人之繼承人。
二、醫療委任代理人。
三、直接照顧病人者。
四、直接對病人提供照顧服務者。
五、主責照護醫療團隊成員。

六、病人之受遺贈人。
七、病人遺體或器官指定之受贈人。
八、其他因病人死亡而獲得利益之人。
病人申請尊嚴善終之內容、範圍及格式，由中央主管機關定之。

第8條（第三次申請程序）

前條書面聲明作成十日後，病人應親自且明確向其主治醫師提出最終申請，並得依其狀況以書面、口頭、手勢或其他溝通方式為之。
病人提出前項最終申請時，病人之法定代理人、配偶、親屬、醫療委任代理人或與病人有特別密切關係之人一名以上應在場。

第9條（病人撤回申請權）

病人得隨時以任何方式撤回其申請，終止申請及資格評估程序。病人如欲再次申請，則應重新提出第一次申請。

第10條（尊嚴善終審查程序）

醫師接獲病人第一次申請後，應於七日內告知病人其接受或拒絕該申請。
接受前項申請之醫師，應即評估病人是否具備第四條規定之資格，並將評估結果告知病人。醫師如經病人之同意，亦應告知病人之法定代理人、配偶、親屬、醫療委任代理人或與病人有特別密切關係之人。

前項評估結果如顯示該病人具備第四條規定之資格，醫師應於七日內作成書面評估報告。

前項評估報告之內容應包括下列事項：

一、經二位與病人疾病診斷或治療相關之專科醫師診察及確診。

二、經緩和醫療團隊照會二次以上。

三、經精神科專科醫師及諮商或臨床心理師評估。

四、主治醫師基於評估或診療需要之轉介或轉診相關資訊。

五、其他經中央主管機關公告之應記載事項。

第二項至前項之評估程序、報告格式及其他應遵循事項之辦法，由中央主管機關定之。

第11條（執行前緩衝期）

醫師接獲病人最終申請後，應給予十日思考期間。除非經醫師評估病人即將死亡或失去知情選擇決定之能力，醫師得同意縮短十日思考期間。

病人於前項思考期間結束，且經醫師告知其具有撤銷申請之權利後，仍欲接受尊嚴善終者，醫師應即進行最終檢查並確認第四條至前條規定之事項是否完備，並提報尊嚴善終審查委員會進行審查。

第12條（執行前藥方準備）

醫師於確認得執行尊嚴善終後，醫師開立處方及藥物準備期間應達四十八小時。

第13條（執行時應遵循事項）

由醫師執行尊嚴善終時，醫師應親自執行每一個步驟，且病人生命終止前皆應在場。醫師得指定必要之醫事人員提供其協助。

由病人執行尊嚴善終時，醫師應親自提供病人必要之協助。病人得指定其法定代理人、配偶、親屬、醫療委任代理人或與病人有特別密切關係之人提供必要之協助。

前項之情形，於病人施用藥物後得要求醫師暫離病房。

第14條（登載、保存及保密義務）

醫師應將第六條至第七條規定之事項，詳細記載於病歷；第五條規定之事項，包含病人申請尊嚴善終之意思表示、書面聲明等相關紀錄應連同病歷保存。

醫院應將前項病歷及紀錄等相關資訊即時提報尊嚴善終委員會並存記於中央主管機關之資料庫。

主管機關、醫療機構與有關機構、團體及其人員因業務而知悉病人表示尊嚴善終之相關資料，不得無故洩漏。

第15條（委員會設立與執掌）

中央主管機關應捐助成立尊嚴善終審查委員會。

前項委員會之職掌如下：

一、監控任何依本法執行尊嚴善終相關事項，包含事前及事後審查個案之合法性及通報檢察機關之義務。

二、每半年向主管機關報告本法運作情況及改善建議，並製作年度報告。

三、持續改善尊嚴善終之品質及安全，包含提供相關教育訓練。

四、蒐集、記錄、分析已執行之尊嚴善終個案，並建立相關指引及研究資料庫。

五、每年定期召集專家會議討論有關尊嚴善終重要事項。
六、其他有關尊嚴善終事項。
委員應包含法律專業人士、醫療專業人士及倫理學專業人士，且委員總數任一性別不得少於三分之一。
委員會之成員應對執行職務時所知悉之資訊保密，除非依法應揭露事項或依職務所需而必然揭露者，並應符合個人資料保護法之規定。
有關委員會組織架構、議事規則、預算、薪酬、審查個案及通報程序等辦法，由中央主管機關定之。

第16條（不施行權）

醫師依其專業或意願，無法執行尊嚴善終時，得不執行之。
前項情形，醫師應告知病人，並得依病人要求轉診提供協助。

第17條（醫院及醫師資格）

醫院及醫師應報經中央主管機關核定其資格，始得執行尊嚴善終。
前項醫院應具備之條件、醫師之資格、申請程序、核定之期限、廢止及其他應遵行事項之辦法，由中央主管機關定之。

第18條（責罰豁免）

醫療機構、醫師、藥師及護理人員等醫事人員或病人指定之人依本法規定執行或協助執行尊嚴善終，且經尊嚴善終委員會審查個案合法者，不負民事與刑事及行政責任。

第19條（施行細則）

本法施行細則，由中央主管機關定之。

第20條（施行日）

本法自公布後三年施行。

出處：https://www.lawbank.com.tw/news/NewsContent.aspx?NID=166889.00

麥田航區15

斷食善終

送母遠行，學習面對死亡的生命課題

作　　者　畢柳鶯
責任編輯　林秀梅

版　　權　吳玲緯
行　　銷　何維民　吳宇軒　陳欣岑　林欣平
業　　務　李再星　陳紫晴　陳美燕　葉晉源
副總編輯　林秀梅
編輯總監　劉麗真
總 經 理　陳逸瑛
發 行 人　涂玉雲

出　　版　麥田出版
104台北市民生東路二段141號5樓
電話：(886)2-2500-7696　傳真：(886)2-2500-1967
發　　行　英屬蓋曼群島商家庭傳媒股份有限公司城邦分公司
104台北市民生東路二段141號11樓
書虫客服服務專線：(886)2-2500-7718、2500-7719
24小時傳真服務：(886)2-2500-1990、2500-1991
服務時間：週一至週五09:30-12:00・13:30-17:00
郵撥帳號：19863813　戶名：書虫股份有限公司
讀者服務信箱E-mail：service@readingclub.com.tw
麥田部落格：http://ryefield.pixnet.net/blog
麥田出版Facebook：https://www.facebook.com/RyeField.Cite/

香港發行所　城邦（香港）出版集團有限公司
香港灣仔駱克道193號東超商業中心1樓
電話：(852) 2508-6231　傳真：(852) 2578-9337

馬新發行所　城邦（馬新）出版集團【Cite(M) Sdn. Bhd. (458372U)】
41, Jalan Radin Anum, Bandar Baru Sri Petaling,
57000 Kuala Lumpur, Malaysia.
電話：(603)9057-8822　傳真：(603)9057-6622
E-mail：cite@cite.com.my

設　　計　謝佳穎
印　　刷　沐春行銷創意有限公司

初版一刷　2022年3月29日
初版二十二刷　2023年10月12日

定　　價　380元
I S B N　978-626-310-191-3
9786263101920 (EPUB)

國家圖書館出版品預行編目資料

斷食善終：送母遠行,學習面對死亡的生命課題/畢柳鶯著. -- 初版. -- 臺北市：麥田出版：英屬蓋曼群島商家庭傳媒股份有限公司城邦分公司發行, 2022.03
面；　公分. --（麥田航區；15）
ISBN 978-626-310-191-3（平裝）

1.CST: 生命哲學

191.91　　111001166